BORDS DU DANUBE

EN ALLEMAGNE

PAR

H. DELMARD

LES

BORDS DU DANUBE

EN ALLEMAGNE

Le Val-d'Enfer dans la forêt Noire.

LES
BORDS DU DANUBE
EN ALLEMAGNE

PAR

H. DURAND

TOURS
ALFRED MAME ET FILS, ÉDITEURS

—

M DCCC LXXXIV

LES
BORDS DU DANUBE
EN ALLEMAGNE

CHAPITRE I

LA FORÊT NOIRE ET LES SOURCES DU DANUBE

Route de Fribourg à Donaueschingen. — Mœurs et paysages de la forêt Noire. — Le Val-d'Enfer. — Donaueschingen. — Le parc de Furstenberg. — La source du Danube. — Cours et destinées du Danube.

Résolu à descendre, dans toute la moitié supérieure de son cours, les rives du Danube, je gagnai ce fleuve, presque à sa source, à Donaueschingen.

La route que je suivis est celle des écoliers, et je ne la recommande pas aux voyageurs pressés. Strasbourg, Bâle et Fribourg en Brisgau, furent mes premières étapes. Je renvoie à un autre lieu la description de ces vieilles et curieuses cités.

A Fribourg, je me confiai au stellwagen de la forêt Noire. On appelle stellwagen une grande berline jaune, moitié diligence, moitié omnibus, attelée de quatre chevaux de bonne apparence, desquels le poil luisant et la panse rebondie font involontairement songer à la maigre échine de nos chevaux de poste. L'attelage est mené par un postillon badois équipé, comme tous ses confrères, d'un chapeau ciré et galonné d'argent, d'une trompe de chasse, et principalement d'une veste de drap jaune dont la nuance éclatante ferait chez nous les délices du carnaval.

Nous sortons de Fribourg par une vieille porte féodale, débris de ses anciens remparts. La munificence des échevins l'a décorée d'une grande fresque qu'on dirait peinte par un réaliste de l'école de Courbet. On y voit un véhicule semblable au nôtre, avec un postillon de même couleur, modérant le galop de quatre rapides coursiers. Que n'en puis-je dire autant des nôtres ! Mais la lenteur de leur allure explique leur embonpoint. Ils marchent en bêtes dont les santés sont précieuses. Le cocher les regarde faire; de temps en temps il secoue mollement les rênes et prononce un *lebenhaft!* (vivement!) d'un ton qui en détruit l'effet. Son fouet n'existe que pour l'ornement. C'est un attribut inoffensif et pour ainsi dire allégorique. Il faut s'accommoder de cette façon d'aller; l'allemand n'en connaît pas d'autre.

Qu'importe après tout? Le ciel est beau, l'air tiède, le paysage intéressant. Nous avons quitté la plaine de Fribourg pour nous engager dans les montagnes. La route suit une large vallée très agréable à voir. Partout des blés mûrs, ou des prairies tardives et nouvellement fauchées. Les cerisiers et les noyers donnent de l'ombre. Les premiers n'ont plus de fruits, les autres n'en ont pas encore. Quelques sapins annoncent la montagne. Un ruisseau qui nous suit prend des airs de torrent, et ses légères cascades abreuvent les troupeaux rassemblés sur ses bords.

Ce site porte dans la contrée le nom de *Paradis.* Un Anglais, notre compagnon de route, s'en indignait. Il avait, sur la foi du titre, rêvé tout autre chose. Décidé à s'extasier, il ne trouvait qu'à jouir. « Beau paradis! »

répétait-il en grommelant. Et pourquoi non?
Ces lieux ont la fraîcheur, l'harmonie, la
grâce. Ils respirent une sérénité délicieuse.
Tout y présente une image d'abondance et de
prospérité. Que faut-il plus?

Ce paradis a pour issue une gorge étroite.
La route s'y enfonce brusquement, et au même
instant tout est changé : plus de moissons,
plus de vergers, rien que des sapins sur des
rocs d'où pendent leurs racines dénudées. On
avait le ciel sur la tête, et autour de soi le
velours des prairies. On n'a plus qu'une grande
ombre projetée par les escarpements de la
montagne. Une roche haute, isolée, taillée à
pic, pointue comme un cône, se dresse sur le
passage. La route en échancre la base. C'est le
Saut-du-Cerf. Il a sa légende; vieille légende
et qui court le monde. On la retrouve dans les
Pyrénées, dans les Alpes, partout où se ré-
pètent les mêmes jeux de la nature. Un cerf
poussé par la meute s'élance du haut du rocher.
Un chasseur emporté par son cheval suit la
même route; miraculeusement préservé, il
fonde aux lieux de sa chute une chapelle ou un
monastère. Tel est le fonds commun; c'est là-
dessus que l'imagination des peuples travaille,

donnant au récit sa couleur plus riante ou plus sombre.

La gorge tout entière s'appelle le *Val-d'Enfer*.

En 1700, Villars, poursuivi par les Impériaux, n'osa s'y engager. « Je ne suis pas, dit-il, assez diable pour cela. » Il suffirait, en effet, d'une poignée d'hommes, maîtres des hauteurs, pour y écraser une armée; les meilleurs régiments périraient sous les balles et les quartiers de roc lancés par des mains invisibles. Ce que n'avait point osé Villars, plus diable que lui, Moreau l'exécuta. La belle retraite qui a rendu son nom célèbre s'opéra par le Val-d'Enfer. Les vieillards en ont conservé le souvenir. L'approche de nos colonnes répandit une grande alarme dans la montagne.

« On creusa, on bêcha dans toutes les caves; on y enfouit tout ce qu'on avait d'argent et d'objets précieux. Les jeunes filles y portèrent leurs colliers de grenat avec leurs amulettes et leurs anneaux d'argent; plus de parures, on aurait dit un deuil général. Troupeaux de bœufs et de moutons furent conduits à la vallée d'Egel, dans un défilé impraticable. Chaque fois qu'on parlait de l'approche de l'ennemi, garçons et jeunes filles se regardaient avec tristesse; parmi les premiers on en voyait beaucoup qui saisissaient alors la poignée du couteau que portent toujours dans la poche de leur culotte les paysans de la forêt Noire.

« Les Juifs étaient les plus malheureux de tous. On a beau dépouiller le paysan, on ne peut, après tout, lui enlever son champ et sa charrue; mais les Juifs avaient toute leur fortune en biens meubles, en argent, en marchandises: ils tremblaient donc d'une double et triple frayeur. Le rabbin juif, qui n'était pas un sot, s'avisa d'un expédient fort adroit. Il fit placer devant sa maison un grand tonneau de vin rouge, et sur une table des bouteilles pleines pour régaler les hôtes qu'on attendait sans les avoir invités. La ruse réussit; les Français d'ailleurs avaient hâte d'avancer.

« Ils arrivèrent enfin, et tout se passa mieux qu'on ne l'avait espéré. Tous les gens du village étaient debout, et se tenaient groupés les uns près des autres sur leur passage. La cavalerie se présenta d'abord. Tous chevauchaient pêle-mêle, sans ordre, à la débandade. Chacun n'avait guère souci que de lui-même, et cependant on reconnaissait qu'ils marchaient ensemble. Après la cavalerie, l'infanterie; puis vinrent les voitures de fourrage et les chariots de blessés : spectacle lamentable! Personne en ce moment ne se demanda si c'étaient là des amis ou des ennemis. C'étaient des hommes malheureux et souffrants, il était du devoir de chacun de leur venir en aide[1]. »

Le Val-d'Enfer est un accident dans la forêt Noire. Rien de plus gracieux que ces montagnes; partout des pentes de gazon, partout des pelouses dont le vert tapis se déroule de vallées en vallées et ondule sur les pentes inférieures. En bas, des ruisseaux sinueux cheminent au soleil et font tourner d'honnêtes moulins occupés à moudre le blé de la contrée. D'où vient donc le nom de forêt Noire? Des forêts de sapins qui couronnent les hauteurs. De loin leurs masses sombres paraissent impénétrables; mais à chaque pas elles s'éclaircissent et s'égayent.

Les habitants de ces montagnes paraissent heureux, tranquilles, modérés dans le travail comme dans le plaisir. Le contentement de soi

---

1 Berthold Auerbach, *Scènes de village de la forêt Noire.*

et d'autrui luit sur leurs honnêtes figures. Leur gaieté est aimable et communicative.

Le dimanche, après l'office, on se réunit autour des pipes et des pots, le long des tables, sous les cerisiers dont la liqueur emplit les verres. Ou bien l'on se rend dans des granges décorées de feuillages, et filles et garçons, promis et promises, dansent au son d'une flûte ou d'un violon dont la justesse et l'harmonie font sentir qu'on est sur la terre sacrée de la musique. C'est là que doivent aller les amateurs du costume et de la couleur locale. Les paysans font bonne figure sous leurs grands chapeaux noirs, mais le reste de leur costume est sombre. J'aime mieux la veste écarlate, la chemise brodée et les guêtres brunes de nos montagnards de la vallée d'Ossau, dans les Pyrénées. Les femmes ont une jupe d'étoffe bariolée; le corsage est de velours. Elles sont coiffées d'un large ruban de soie tout pailleté d'argent ou d'or. C'est leur coquetterie. Je ne sais comment serait reçue dans ces montagnes une loi somptuaire. Le type a de la beauté. On rencontre,— chose rare en Allemagne, — autant de brunes que de blondes.

Chez les hommes, surtout dans l'enfance, le

blond domine. Sur vingt marmots vous verrez dix têtes rousses, le reste jaunes : c'est comme une moisson mûre. Les jeunes filles ont d'opulentes chevelures. Elles les divisent en deux tresses, qu'elles entrelacent de rubans et de perles et laissent pendre sur leurs épaules. Elles s'en vont ainsi se brunir au soleil comme les Italiennes. Cette coiffure est aussi celle des matrones et des vieilles : je leur en demande pardon, mais l'effet est différent.

Dans quelques vallées, elles portent un odieux chapeau de cuir, haut et cylindrique comme les nôtres. Ajoutez qu'il est d'un beau jaune. C'est la couleur nationale dans le duché de Bade. On dirait une mascarade coiffée d'étuis à chapeaux. L'occupation des femmes est de conduire les troupeaux à la pâture. Tout en cheminant derrière leurs vaches, elles tressent avec de la paille des chapeaux légers et gracieux qu'on porte beaucoup en Allemagne. Quelques-unes vont dans les bourgs apprendre à fabriquer des horloges de bois et des jouets d'enfants. C'est la principale industrie dans la montagne.

Revenons aux danses. Il en est une assez curieuse, et particulière au pays. C'est la *danse du coq*.

Un poteau est planté au milieu d'une grange ou d'un champ; un coq y est attaché. Au sommet, sur une planchette horizontale, est un verre rempli d'eau. On s'assemble, on valse autour du prisonnier, puis un couple se détache et s'approche du poteau. La danseuse met un genou en terre; sur l'autre elle étend ses deux mains croisées, en offrant la paume ouverte. Le danseur monte sur ce marchepied en équilibre sur une seule jambe. Il s'agit de vider le verre sans tomber, sans s'appuyer, sans répandre une seule goutte. Sinon la danseuse reçoit la rosée, et quelle honte pour le maladroit, quelles huées des spectateurs, quelle confusion de la jeune fille qui voit ses beaux ajustements gâtés! Parfois après mille efforts le danseur a trouvé son aplomb; il lève le bras, touche au verre, il va boire, nul ne respire : tout à coup le coq se met à chanter, l'homme tombe, et l'on rit de sa disgrâce.

Le mariage est accompagné de cérémonies qui forment une sorte de drame rustique avec prologue, épisode et dénouement.

Le dimanche avant la noce, le fiancé, accompagné d'un ami, chacun un ruban rouge au bras et un nœud de ruban au chapeau, s'en va dans le village, et de maison en maison, partout dans les mêmes termes, répète son invitation.

« Vous êtes prié à la noce, tel jour, dans telle auberge. Venez-y sans faute, à l'occasion nous vous rendrons la pareille. N'oubliez pas de venir. »

Là-dessus, dans chaque maison, la ménagère ouvre le buffet, en tire du pain et un couteau, et présente le tout en disant : « Coupez du pain. » Le fiancé coupe une tranche de pain et l'emporte. La même invitation est transmise par écrit aux villages voisins. La parenté est nombreuse dans ces montagnes, et toute la vallée, à vrai dire, ne renferme qu'une vaste famille. Aussi, comme les frais de la noce ruineraient les époux, il est d'usage que chaque invité paye son écot. Quelques hôtes seulement à qui l'on veut faire honneur sont *engagés*. L'*engagement* consiste à être pris au collet et mené comme de force au banquet.

Les fiancés se rendent séparément à l'église. Les deux cortèges se rencontrent à une dizaine de pas de l'entrée. Là ils s'arrêtent et s'observent quelque temps. Aucun n'est censé vouloir faire le premier pas, ni montrer d'impa-

tience à conclure l'hymen. A la fin un homme
du cortège, d'ordinaire un ancien, la meilleure
tête, le Nestor du village, s'avance et dépose
son bâton sur le milieu de la route. — C'est le
signal : au même instant les deux familles se
rejoignent, le fiancé donne le bras à sa fiancée,
et le cortège entre dans l'église.

Le repas de noce est entremêlé de danses
autour des tables. Avant de goûter à rien, les
mariés s'en vont bras dessus bras dessous,
tenant l'un une bouteille, et l'autre un verre.
Ils font le tour de la salle et versent à boire
à tout le monde. Au dessert, la mariée offre
à chaque convive un bouquet de fleurs rustiques. Elle reçoit en échange une pièce d'argent : pauvre, c'est sa dot; riche, elle en
fait don à l'ouvrière qui fit sa robe de noces.
La fête se termine, comme elle a commencé,
par des sérénades, des danses et des chansons [1].

Le montagnard de la forêt Noire n'est pas
chasseur comme celui du Tyrol. Il n'a ni
glaciers ni précipices où l'entraîne la pour-

---

1 Berthold Auerbach, *Scènes de village de la forêt Noire.*
— Lallemant, *Paysans badois.*

suite du chamois. Il risque autrement sa vie.
Tous les ans, au printemps, il fait le flottage
des bois.

Quand le sapin a été abattu, on le laisse
rouler de pente en pente jusque dans la vallée.
Il y rencontre un torrent qui doit le conduire
dans la plaine. De nombreux troncs dépouillés
de branches flottent autour des barrages qui
les retiennent. On les attache en radeaux. Ils
forment une longue ligne mince et sinueuse.
Les conducteurs sont debout, appuyés sur une
grossière machine qui sert de gouvernail. Le
jour venu, quand la fonte des neiges a gonflé
les eaux, toutes les écluses sont ouvertes. Le
torrent se précipite, s'accroît, soulève le train
flottant, l'emporte comme une paille, le heurte
aux rives, le déchire, le submerge, et le ra-
mène à la surface avec son intrépide conducteur, que ne troublent pas ces cascades d'écume
et cette tempête.

Un grand nombre sont bûcherons. Ils habitent de grands logis grossièrement construits et bien éloignés de l'élégance des
chalets suisses. La forêt en fournit tous les
matériaux. Le bûcheron avec sa cognée en
est l'artisan. Un sapin est abattu, le tronc à

peine équarri sert de maîtresse poutre; les branches forment les poutrelles, les cloisons, les volets, la porte. Des éclats du bois on fait encore de minces planchettes qui servent, en guise de tuiles, à couvrir le toit. Un coin de terre semé de blé porte le pain de la famille. Alentour il y a place pour des légumes et quelques arbres fruitiers. Le cerisier pousse partout; quelques vallées chauffées du soleil ont des vignes qui donnent un vin clairet. Le houblon fait le reste. On vit donc à l'aise dans ces contrées. Le soir, à la nuit tombante, on voit le montagnard, avec son grand chapeau noir, sa cognée sur l'épaule, son bâton à la main, retourner tranquillement du logis. Une ménagère accorte, des enfants roux et barbouillés, un bon repas, l'attendent. La soupe, le lard et les choux, mets domestiques, fument sur la table. Le père, de son couteau de poche long comme une dague, coupe des tranches d'un pain brun auquel, selon l'usage allemand, un mélange d'herbes aromatiques donne une âpre saveur. La bière mousse dans les tasses; au dessert la gourde pleine de kirsch fait rire et babiller toute la famille. On dit la prière en commun, et chacun s'en va coucher content. Que leur manque-t-il?

L'un de ces paysans est resté dans ma mémoire comme le type parfait, non sans grandeur, de ces honnêtes natures.

C'était un grand vieillard; il avait le front chauve, les traits accentués, la barbe blanche, la peau brûlée par le hâle. Je songeais, en le voyant, à ces têtes d'apôtres dessinées par les maîtres italiens. Les bras croisés, les jambes étendues, les yeux à moitié clos et la bouche souriante, du seuil de sa porte il nous regardait passer. Il fumait une longue pipe, dont il tirait de grandes bouffées. Ce sage : —une telle barbe ne peut croître qu'au menton d'un sage, — avait un air de contentement intérieur, de satisfaction physique et morale qui faisait envie.

« Je suis *content* de moi comme de l'univers, » voilà ce qu'il semblait dire. Interrogé sur ce qu'il faisait, il eût répondu comme ce paysan de Westphalie : « Je me régale de mes pensées. » Mot charmant, et d'un homme dont les soucis sont aussi légers que la fumée de sa pipe.

Sa pipe! il faut la voir. Ce n'est pas ce je ne sais quoi de court, de noir et de grossier qui pend à la bouche de nos ouvriers et de nos soldats. La bonne pipe allemande, avec son grand fourneau de porcelaine peinte, est, — j'en suis le témoin impartial, — une chose propre, luisante, respectable. Elle a sa poésie et son histoire. C'est elle dont un conteur a présenté l'idéal en ces termes :

« Jean-Georges avait la plus belle pipe de tout le village. C'était une tête d'Ulm veinée dont les brunes marbrures offraient les plus bizarres figures. L'imagination pouvait s'y donner carrière. Le couvercle d'argent avait la forme d'un casque si blanc et si poli, qu'on pouvait s'y mirer. Les côtés inférieurs étaient garnis d'argent. Une double chaînette d'argent servait, en guise de cordon, à rattacher un tuyau assez court au long bout courbé et flexible qu'on tenait à la bouche. »

Le versant oriental de la forêt Noire n'est pas aussi pittoresque que l'autre. La charrue a fait de nombreuses conquêtes sur le désert; elle a renversé sa couronne d'arbres séculaires. Les villages et les populations ont toujours le même air d'aisance et de contentement. De Fribourg jusqu'à Donaueschingen je n'ai vu qu'un seul mendiant. C'était un pauvre diable estropié qui se traînait sur deux béquilles en marmottant sa complainte. Le postillon, usant de bonhomie allemande, ralentit ses chevaux, et permit au malheureux de ramasser quelques kreutzers.

Il y a sous la veste jaune de ce postillon un bon diable et un gai compère. Je monte à pied avec lui les échelles de la montagne, et quand mon oreille s'est façonnée à son langage, j'apprends de sa bouche d'utiles renseignements. Il me paraît jouer dans la montagne une manière de personnage. A chaque relais, les buveurs attablés dans l'auberge se le disputent; lui-même les connaît tous, les provoque ou leur tient tête : Eh! Johann! Eh!, Peter! Eh! Wilhelm! — On lui répond : les mains s'étreignent, les vidrecomes s'entre-choquent, le pot de bière circule à la ronde; vingt fois il retourne vide et revient vingt fois couronné de mousse jusqu'aux bords.

Mon voyage s'achève au milieu de ces scènes dignes du pinceau de Téniers. Le soleil va quitter l'horizon, et nous descendons rapidement vers la plaine. Avant de l'atteindre, la montagne nous offrit un spectacle inattendu. Par-dessus les derniers mamelons de la forêt

Noire, bien loin vers le sud, éblouissante de blancheur, sublime de hauteur et de majesté, apparut la chaîne des glaciers alpestres.

> Vois ces vierges là-bas, plus blanches que les cygnes,
> Assises dans l'azur, sur les gradins des cieux [1] !

Leurs bases plongeaient dans l'ombre, leurs cimes étincelaient; leurs neiges se teintaient de rose aux feux du couchant; la lumière avec mille caprices se brisait contre leurs flancs. C'était une vision de la Suisse, radieuse et fugitive. Elle disparut au premier mouvement du sol, derrière un rideau de sapins. La nuit nous enveloppait depuis longtemps, une nuit claire, sereine, étoilée, quand résonna à grand bruit, sous les roues fatiguées de notre stellwagen, le dur pavé de Donaueschingen.

La petite ville de Donaueschingen est située dans une grande plaine nue, plate et privée d'horizon. Ses deux mille habitants sont répartis dans trois à quatre cents maisons de bonne apparence. Quelques-unes sont en belle pierre et composées de trois étages. Bon nombre sont munies de paratonnerres. En France le para-

---

[1] De Laprade, *Symphonie alpestre.*

tonnerre ne couvre guère que des temples et des palais. En Allemagne il est d'un usage vulgaire et domestique. A Donaueschingen, on vit en communauté avec la foudre. Le fil conducteur passe le long de la façade à deux doigts des fenêtres, à deux lignes de la sonnette.

Avec tout cela Donaueschingen a l'air d'un village, tant ses maisons sont confusément groupées, ses rues étroites, ses habitants taciturnes. On dirait un lieu désert : ni voitures, ni chevaux, ni passants ; pas un cri, pas une voix d'homme ou de bête. Je crois que l'horloge de l'église est muette et se contente, sans les nommer, d'écrire silencieusement les heures. Je loge sur la grande place, et le seul bruit que j'entende est celui d'un jet d'eau qui danse dans une coupe de marbre sous les arbres d'un parc.

Ce parc est celui des princes de Fürstenberg. Le château a soixante-six fenêtres de façade ; c'est une grande bâtisse où triomphent la tuile et le moellon, sans compter le badigeon. On y entre par un péristyle grec très étonné de s'y voir.

Mais le château de Fürstenberg n'est pas ce qu'on vient voir à Donaueschingen. A quelques pas de là, sous les arbres du parc, jaillit de terre une source qui remplit le lit du plus vaste

fleuve, fournit une carrière de sept cents lieues,
et traverse, sous le nom de Danube, le monde
et l'histoire du monde. Je sais bien que cette
source n'est pas la seule, comme le voudraient
les habitants de la contrée. Je n'ai pas la
naïveté de ce visiteur qui, bouchant avec sa
main l'orifice du bassin, s'écriait : « Comme
ces bons Viennois seront étonnés quand le
Danube va leur manquer ! » Je sais que
deux ruisseaux, la Brigach et la Brège, des-
cendus des hauteurs du Kesselberg dans la
forêt Noire, arrivent déjà grands à Donaueschingen, s'y mêlent, et prennent dès lors le
nom de Danube ; j'ai lu que des géographes s'en
prévalent pour traiter d'imposteur le mince
filet d'eau du parc de Fürstenberg. Mais
j'oppose à ces envieux l'autorité de Malte-
Brun. Ce géographe ne conteste pas à la Brigach et à la Brège leur droit d'aînesse ; mais il
reconnaît l'existence d'une troisième source
qui, du parc de Donaueschingen, où elle prend
naissance, va grossir les deux autres et leur
porte le nom de Danube, qu'elles n'avaient pas
avant elle. Pourquoi se montrer plus incrédule ?
pourquoi se refuser le plaisir de voir le roi des
fleuves de notre vieille Europe dormir dans son

La source du Danube à Donaueschingen.

berceau, s'éveiller et, tout petit enfant, courir par-dessus les gazons et les fleurs?

J'allai donc visiter la source. C'est pour elle, à parler franc, que j'avais traversé la forêt Noire. Je m'en faisais d'avance la plus chimérique idée. Il semblait, en vérité, que j'allais voir sortir de sa conque la déesse qui, chez les Grecs, préside à la naissance des fleuves. Je me rappelais involontairement cette ravissante image où, sous les traits d'une enfant, Ingres a figuré la source dans le creux d'un rocher. Je ris encore de ma grimace quand le jardinier du prince me conduisit vers un bassin circulaire, environné d'une balustrade qui semble mise exprès pour qui voudrait, comme ce marquis de Molière, « cracher dans l'eau pour faire des ronds. » — « Quoi! c'est la source? — Elle-même, » répondit mon guide.

Et que voulais-je de plus? Une eau pure dormait dans une grande coupe verdie par la mousse. Le soleil la traversait comme un cristal; on aurait compté les cailloux et les herbes de son lit peu profond. Un léger frémissement moirait la surface, et de grandes ondes lentement épanouies trahissaient l'eau qui filtre goutte à goutte. Du bassin s'échappe un ruisseau qui court à travers le parc : c'est le Danube.

Ouvrez la carte, et suivez son cours. Dans la courbe de sept cents lieues qu'il décrit de la forêt Noire à la mer, il reçoit trente-six mille cours d'eau, plus de cent rivières, arrose ou côtoie deux royaumes et trois empires; par ses affluents, comme avec de longs bras, attire à lui le commerce de vingt contrées : Tyrol, Bohême, Moravie, Hongrie orientale, Transylvanie, Servie, Carinthie, Illyrie même, que la Drave et la Save disputent à la mer Adriatique; touche au Rhin par un canal, à la Baltique par des lignes de fer; transporte, abreuve, civilise vingt peuples de mœurs, d'origine, de religions différentes, et trace entre l'Europe et l'Asie une des plus grandes voies qui aient jamais été ouvertes à la civilisation.

Car les fleuves ne sont pas faits seulement pour arroser la terre et porter les navires; ils portent aussi les idées. Transmettre à l'Orient dégénéré les lumières de l'Occident, voilà, ce semble, la destination actuelle du Danube. C'est la pensée ingénieusement rendue dans un groupe de marbre blanc qu'on voit à Fürstenberg, dans un site délicieux du parc. Le Danube y est représenté sous les traits d'une femme, — *Donau,* en allemand, est du féminin; — son regard interroge l'Orient. Les deux sources jumelles, la Brigach et la Brège, versent leurs urnes à ses pieds.

Jusqu'à nos jours le Danube, il faut l'avouer, fut singulièrement détourné du rôle pacifique que la nature lui assigne. Son histoire se confond avec l'histoire militaire de l'Europe. Trajan, Attila, Charlemagne, Mathias Corvin, Charles-Quint, Gustave-Adolphe, Soliman, Sobieski, viennent tour à tour sur ses rives ajouter un trophée aux sanglants trophées qui les décorent, et le dernier venu, dirai-je le plus grand? de ces soldats, de ces conquérants, de ces empereurs, Napoléon, y livre des batailles où la fortune des monarchies restait abîmée sous les morts.

Que faire à Donaueschingen quand on a visité la source? Errer dans les allées, dormir sur les pelouses, rêver sous les ombrages, près des eaux vives et des lacs où des escadres de cygnes voguent de conserve avec des flottilles de canards. Je ne fis pas autre chose durant tout le jour. Ce fut, au début d'un long voyage, une halte délicieuse.

CHAPITRE II

Robert, le fils de mon hôte à Donaueschingen, était un grand garçon pâle et délicat ,
comme il est rare d'en voir en Allemagne. Il
écorchait notre langue, qu'il avait apprise d'un
Italien, lequel la tenait lui-même d'un natif de
Mulhouse. Jugez de la pureté de sa diction.

Il s'était pris d'amitié pour ma personne et
d'intérêt pour mon voyage. Que de fois, pen-

dant mon court séjour, souhaita-t-il de m'ac-
compagner! Il se proposait pour porter mon
sac et me servir de guide. Il n'y fallait pas
songer. Le père de Robert n'eût pas prêté les
mains à ce ménage. C'était un bourru qui s'em-
portait violemment, s'il ne trouvait pas son
fils occupé à mesurer le vin blanc ou à polir
quelque plat d'étain. J'obtins pourtant de ce
terrible homme que son fils m'accompagne-
rait l'espace d'une ou deux journées.

Sur les conseils de Robert, je m'étais décidé
à suivre tantôt à pied, tantôt en voiture, la
vallée du haut Danube. Nous partîmes donc
de bon matin. La carriole d'un jardinier nous
transporta hors de la plaine de Donaueschingen,
au bout de laquelle nous mîmes pied à terre.
Le ciel était clair, et un vent frais excitait à
la marche. Robert allait d'un pas allègre que
j'avais peine à modérer. Il portait mon sac,
comme il l'avait souhaité, et me nommait avec
un soin empressé chacun des lieux que nous
traversions. Il était visiblement heureux de
faire les honneurs de *son Danube;* ce n'était pas
un sec nomenclateur. Les Allemands ont pour
la poésie descriptive un goût naturel. Dans ce
frêle garçon, dans cet intrépide marcheur se

cachait une imagination vive et poétique. Il
sentait la nature et savait la peindre.

Il connaissait à fond la contrée; il en parlait
avec cette tendresse qu'inspirent à l'Allemand
les moindres sites de son pays natal. Il y avait
bien à rabattre un peu de son enthousiasme;
mais, en somme, je fus content de mon voyage.
Nous cheminions, tantôt sur les berges escarpées et boisées du fleuve, par des sentiers à
peine tracés; tantôt, pour abréger, par des
routes semées de hameaux sans nom. La compagnie de Robert me valait le salut des paysans.
Il les connaissait tous, pour les avoir vus chez
son père les jours de marché; et, avec sa cordialité naturelle, il échangeait avec eux de
rudes poignées de main.

Notre première halte fut à Neidengen; nous
y fîmes un maigre déjeuner, le premier des
quatre repas auxquels tout chrétien a droit en
Allemagne. Mais quoi! le bourg est pauvre, et
tel, qu'un empereur, Charles le Gros, y mourut de misère. Je communiquai cette réflexion
à Robert, qui regrettait pour moi la table pa-
ternelle.

A quelques milles de ce lieu, à Friedingen,
commence véritablement la vallée du Danube

et la partie pittoresque du voyage. Le fleuve se fraye un étroit passage à travers des masses de calcaire qui donnent au site un caractère de tristesse et d'austérité. Tantôt elles élèvent leurs aiguilles dénudées dont la pointe déchire le ciel; tantôt elles se couvrent de bois épais, et forment de sombres cônes de verdure dont l'ombre se prolonge sur le fleuve. Toutes ces cimes ont un nom. Sur un bon nombre on découvre encore des ruines debout ou penchées, quelques-unes étalées sur le sol, parmi les ronces et le lierre. On voit à travers les sapins et les hêtres des créneaux abattus, des donjons éventrés, des ponts-levis disloqués, des murailles qui pendent sur des fossés comblés par leurs propres ruines.

Le Kallenberg et le Wildenstein sont les plus célèbres de ces manoirs. Robert m'en a longuement conté l'histoire. Celle du Kallenberg n'est rien moins qu'une histoire de revenant; le sire de Kallenberg y joue un fort vilain rôle, en punition duquel il est condamné à errer pendant deux mille ans sur ces hauteurs. Le soir, à la rentrée des troupeaux, ou la nuit, pendant l'orage, sa voix se fait entendre avec des gémissements funèbres, et les villageois du voisinage se signent dévotement en priant Dieu de les préserver de la malemort.

Le Wildenstein est encore plus diabolique. Trappes, oubliettes, cachettes mystérieuses, il a tout l'appareil des châteaux de mélodrame; on a même retrouvé un souterrain dont l'entrée s'ouvrait sous une des marches de l'autel, dans la chapelle seigneuriale; du pied on poussait une pierre; la dalle, s'écartant d'elle-même, découvrait un escalier obscur; un chemin traversait la montagne, et s'en allait déboucher vers le fleuve. Un grand trou caché sous les ronces, vrai repaire de reptiles, passe pour en être l'issue.

Entre ces deux ruines s'étend la vallée de Beuron; c'est une délicieuse oasis pleine de calme et de silence. Un bois de hêtres se penche sur le fleuve; il lui prête son ombre, et en reçoit la fraîcheur. Là le Danube s'endort dans l'idylle, avant de commencer sa laborieuse carrière, avant de devenir le fleuve porteur de navires et conducteur de nations; là le poète de la Souabe, Hebel, lui disait : « Vois comme tout est beau ici, comme tout est doux, comme la brise doucement murmure et comme gazouillent les oiseaux. » Mais le Danube répond : « Oui, j'entends les oiseaux; oui, j'entends la brise, et cependant je pars! Avant tout, le voyage et l'aventure! pour moi tout est plus beau à mesure que tout est plus loin. »

Il part, en effet, pour son long voyage; mais il goûte encore des heures de loisir. Quelques usines dont il soulève les marteaux, quelques moulins qu'il fait tourner : voilà toute sa besogne jusqu'à Ulm. A peine voit-on passer deux ou trois radeaux, grossièrement façonnés, couverts des herbes de la rive, plus souvent chargés du grain qu'on envoie au moulin ou de la farine que le moulin renvoie. L'un d'eux passait fort à propos : nous y entrâmes, et, couchés sur les sacs, nous nous laissâmes dériver à travers les méandres du fleuve avec une sensation de paresse délicieuse.

Nous avons ainsi attrapé la fin du jour. Il fallut dire adieu à Robert. Il lui restait quelques heures de marche pour atteindre un bourg où son père l'envoyait conclure une affaire. Nous nous séparâmes avec un échange de regrets et d'amitiés.

Je pris mon gîte dans une pauvre auberge où la fatigue me fit entrer malgré sa mine douteuse. J'y passai la plus méchante nuit, sur la paillasse la plus dure et dans la plus vermoulue couchette qui se puisse imaginer. Près de m'assoupir, je fus éveillé par un bruit de souris occupées tout près de mon oreille à grignoter une chandelle dont l'odeur pouvait en attirer un cent. Je les chassai; mais une invasion d'animaux plus subtils et plus pernicieux ne me donna pas le temps de refermer les yeux. Enfin une mince cloison de branchage me séparait de l'étable, et toute la nuit j'entendis une maudite vache, nourrice trop zélée, passer bruyamment sa langue sur le dos velu de sa géniture. Je vis avec plaisir arriver le jour. Mes hôtes, debout avant moi, me servirent un copieux repas. Nous le prîmes en commun, sur une mauvaise table, dans une cuisine enfumée. Je ne comprenais rien à leur langage, qui est un patois souabe. Mais leur cordialité, leur bonhomie, se faisaient comprendre. Ils étaient vieux comme Philémon et Baucis, hospitaliers comme eux. Ils voulaient me rendre la moitié du florin que j'offris pour ma dépense; ils me dirent adieu, en me prenant les mains, à la manière des vieux serviteurs allemands. Que n'étais-je un dieu de la fable! j'aurais récompensé leur bon cœur, changé leur chaumière en palais et mon grabat en lit de plume.

Au bout d'une seconde journée de marche assez semblable à la première, moins le plaisir et la compagnie de l'honnête Robert, de village en village, et de châteaux en châteaux, tantôt à pied, tantôt sur les carrioles où l'on voulait bien de ma personne, j'arrivai à Sigmaringen.

La ville elle-même n'a rien d'intéressant : c'est une bourgade. Mais il faut voir son château, vrai nid de faucons suspendu sur de hauts rochers au-dessus du fleuve. Il rappelle un des plus sombres souvenirs de l'histoire d'Allemagne. Pendant un siècle environ, le tribunal de la Vehme y tint ses séances.

La Vehme est une institution du moyen âge. Son nom paraît venir d'un vieux mot allemand qui signifie condamner. Elle naquit de cet esprit d'opposition que les races germaniques nourrirent longtemps contre le droit et la coutume romaine. Partout en Allemagne, à côté de la justice de l'État, dont le rôle était d'appliquer les lois du saint-empire, s'éleva une justice secrète plus puissante que la première. Elle régna par la terreur, par le mystère, par la puissance des souvenirs et des traditions nationales. Ses membres étaient nombreux, soumis à des serments, à des épreuves redoutables; leur œuvre était ténébreuse. L'Allemagne est la terre natale des sociétés secrètes. Le génie du moyen âge prête à celle-ci des formes sinistres. Les adeptes, sous le nom de francs juges, étaient investis du triple pouvoir d'accusateurs, de juges et d'exécuteurs. La veille du jugement, trois coups d'un marteau de fer frappés contre sa porte sommaient l'accusé de comparaître. L'appareil était imposant. Sur leurs sièges étaient assis des hommes masqués et vêtus de noir. [Devant eux, un bassin de cuivre et des boules de métal servaient au terrible scrutin. Quatre boules votaient la mort. Devant cette justice inflexible, pas de milieu entre l'innocence et le crime : il y allait toujours de la vie, toute sentence était capitale. Le condamné périssait par le poignard ou la corde; et, pour mieux braver la loi, on pendait son cadavre à l'arbre le plus voisin de la potence seigneuriale.

Bientôt même on renonça à faire comparaître l'accusé : plus de défense; la sentence était prononcée en secret; le châtiment surprenait le coupable comme la justice divine. Cent bras armés dans l'ombre étaient levés contre lui.

A table, au lit, sous la tente, il était atteint, et dans sa poitrine on retrouvait enfoncé un poignard de forme étrange, marqué du sceau de la Vehme. Cette association occulte régna pendant toute la durée du moyen âge. L'anarchie de ces temps favorisait son empire. L'intrépide champion de la féodalité, Maximilien, lui fit le premier une rude guerre. Elle disparut sous Charles-Quint.

Il y a quelques années, en réparant un donjon du château, on découvrit derrière une porte de fer la salle qui servit pendant un siècle aux séances de la Vehme. Il fallut la déblayer; car elle était comblée avec de la terre et des cendres, comme un lieu maudit. C'est un étroit caveau enfoui sous des murs de vingt pieds d'épaisseur, comme dans des entrailles de pierres. Un jour sombre y pénètre. Le marteau, les boules, le bassin de cuivre, ont été retrouvés à leur place, sur la table du conseil. Un christ pend aux murs. L'impression de ce lieu est étrange. Il semble que le tribunal siégeait hier, et qu'on l'attend pour siéger encore. C'est comme la scène préparée d'un drame dont les personnages vont paraître. Il manque un poète pour en faire. parler l'horreur. Gœthe l'a fait.

Il y a, dans ce beau drame de sa jeunesse, où il peignit les derniers jours de la féodalité expirante, une scène qu'il est à propos de relire. Gœthe ne connaissait pas le caveau de Sigmaringen. On dirait qu'il l'a deviné.

SCÈNE DE *GŒTZ DE BERLICHINGEN*

Le théâtre représente un souterrain étroit et sombre. Les juges du tribunal secret délibèrent : ils sont masqués.

L'ANCIEN

Juges du tribunal secret, qui avez juré, sur la corde et le glaive, d'être irréprochables, de juger en secret, de punir en secret, comme Dieu, si vos cœurs, si vos mains sont purs, levez les bras et criez sur les criminels : Malheur ! malheur !

TOUS

Malheur ! malheur !

L'ANCIEN

Crieur, commence le jugement.

LE CRIEUR

Moi, crieur, j'élève la plainte contre les criminels. Que celui dont le cœur est pur, dont les mains sont pures, pour jurer sur la corde et le glaive, que celui-là accuse par la corde et le glaive ! qu'il accuse ! qu'il accuse !

L'ACCUSATEUR, s'avançant.

Mon cœur est pur de crimes, mes mains de sang innocent. Dieu, pardonne-moi les mauvaises pensées et ferme le chemin à la volonté. Je lève la main et j'accuse, j'accuse, j'accuse !

L'ANCIEN

Qui accuses-tu?

L'ACCUSATEUR

J'accuse sur la corde et le glaive Adélaïde de Weislingen. Elle s'est rendue coupable d'adultère; elle a fait empoisonner son mari par son écuyer. L'écuyer s'est fait justice lui-même; le mari est mort.

L'ANCIEN

Jures-tu devant le Dieu de vérité que tu accuses selon la vérité?

L'ACCUSATEUR

Je le jure.

L'ANCIEN

Si cela est trouvé faux, offres-tu ta tête au châtiment du meurtre et de l'adultère?

L'ACCUSATEUR

Je l'offre.

L'ANCIEN

Vos voix.

(Les juges parlent bas avec l'ancien.)

L'ACCUSATEUR

Juges du tribunal secret, quelle est votre sentence sur Adélaïde de Weislingen, accusée d'adultère et de meurtre ?

L'ANCIEN

Qu'elle meure! qu'elle meure d'une mort doublement amère! qu'elle expie doublement par la corde et le glaive son double forfait! Levez vos mains et criez malheur sur elle. Malheur! malheur! qu'elle soit livrée aux mains du vengeur!

TOUS

Malheur! malheur! malheur!

L'ANCIEN

Vengeur, vengeur, avance!

(Le vengeur paraît.)

L'ANCIEN

Prends la corde et le glaive : qu'avant huit jours elle ait disparu de la face du ciel. Où que tu la trouves, couche-la dans la poussière... Juges, qui jugez en secret, qui punissez en secret, comme Dieu, tenez vos cœurs purs de crimes et vos mains de sang innocent[1].

1. Gœthe, *Gœtz de Berlichingen*, acte V.

A Sigmaringen je me suis de nouveau livré aux mains des voituriers. J'y serais encore, si je n'eusse été chercher à Biberach le chemin de fer qui me déposa dans Ulm.

Ulm est singulièrement déchue du temps où, capitale de la Souabe, âme d'une ligue redoutable, elle tenait en échec la puissance impériale. L'herbe croît dans ses rues. Il y a trois siècles, on y entendait le cliquetis de six cents métiers de tisserands toujours actifs; à peine aujourd'hui en reste-t-il une soixantaine, souvent réduits pendant la morte-saison à un chômage forcé.

Un monument résume toute l'histoire de la ville, c'est la cathédrale : la grandeur du plan atteste la gloire ancienne de la cité; la vue des constructions inachevées accuse son irrémédiable décadence.

La nouvelle cathédrale de Strasbourg venait de s'élever. C'était la merveille du Rhin. Les bourgeois d'Ulm en conçurent de la jalousie. De quoi n'étaient-ils pas capables, eux dont le proverbe disait : « Argent d'Ulm gouverne le monde ! » On décréta donc qu'on élèverait un temple capable de contenir sous ses voûtes l'orgueilleux dôme de Strasbourg. Ni princes ni peuples étrangers ne contribueront à son érection. Défense aux moines d'aller, comme c'était l'usage, recueillir les offrandes des pays voisins; pas une pierre ne sera posée par des mains étrangères; ce sera l'œuvre de la cité.

L'architecte choisi par la ville s'appelait Ensiger. Il a gravé son nom avec le plan de l'édifice sur une muraille de l'église. Ce plan n'a pas été conduit jusqu'au bout. La première pierre fut posée en 1377. En 1492, l'empereur Maximilien visita les travaux. La tour était parvenue aux deux tiers de sa hauteur; il y monta, il promena ses regards sur les plaines qui s'étendaient à ses pieds, sur cette Allemagne en partie soumise à son sceptre; saisi d'un transport de joie étrange, il sauta sur le bord de la galerie, et fit aux yeux de sa suite une périlleuse pirouette. Puis il voulut placer lui-même une pierre : ce fut la dernière. L'argent faisant défaut, on cessa d'y travailler. Bientôt la foi même allait manquer. Vingt ans s'écoulent; la voix de Luther éclate, la moitié de l'Allemagne s'ébranle, le schisme se consomme; Ulm, au pied de sa basilique inachevée, voit sa fortune décroître, et de cent mille hommes sa population tomber à vingt mille, parmi lesquels seulement quelques centaines de catholiques.

Le dôme d'Ulm, comme jadis celui de Cologne, n'est que l'ébauche d'une grande chose. La tour est pesante, disgracieuse; elle écrase sans pitié les arceaux du porche. On voudrait lui rendre cette flèche légère que lui destinait l'architecte. Enlever sa cime au temple gothique, c'est supprimer le sens religieux de la construction. Les architectes de ce temps ne craignaient pas d'entasser de lourds fondements. Tout ce qui touche à la terre est pesant comme elle. A mesure qu'il monte, l'édifice s'allège, ses formes se dégagent, et la flèche aux svelteés contours s'élance dans les airs, symbole de l'âme humaine dont elle va porter à Dieu les louanges et les prières.

L'intérieur du dôme renferme un tabernacle et des stalles sculptées qui sont des trésors de l'art. Le tabernacle est d'Adam Kraft, dont le chef-d'œuvre existe à Nüremberg [1]. Une tradition touchante le recommande. En 1377, le

---

[1] Les voyageurs qui ont visité le musée de South-Kensington, à Londres, y auront certainement admiré un fac-similé de la châsse de saint Sébald, le chef-d'œuvre d'Adam Kraft et celui de la renaissance allemande.

Une porte à Ulm.

Les Bords du Danube.

5

jour où l'on posait la première pierre de la cathédrale, tous les bourgeois d'Ulm déposèrent leur offrande. Une pauvre veuve témoin de ce concours, trop indigente pour donner elle-même, jura cependant de ne pas rester inutile; elle loue ses bras, use ses forces, se condamne à une vie mercenaire; elle gagne ainsi quelques écus qu'elle va porter aux magistrats. « C'est, dit-elle, pour construire un tabernacle. » Les magistrats sourient : « Hé quoi! ma bonne femme, un tabernacle tout entier, et moins d'un écu d'or ! » Ils acceptent pourtant, touchés d'un si grand zèle. La somme est engagée dans une entreprise; elle s'accroît par le commerce; Dieu bénit l'obole de la veuve, et au bout de longues années, devenue un gros capital, elle servit, dit-on, à construire le tabernacle d'Adam Kraft.

L'œuvre est charmante. Le marbre, façonné en spirale, est emporté dans un mouvement d'ascension d'une hardiesse infinie. Il enveloppe dans une ceinture de feuillage et de fleurs une procession de personnages pieux. A travers les trèfles et les acanthes on voit leur marche lente et leurs longs vêtements s'élever graduellement vers les voûtes.

Les stalles du chœur sont de Georges Syrlin. Trois rangées de bustes et de têtes les décorent. D'un côté les femmes illustres partagées en trois ordres : héroïnes antiques, femmes de la Bible, saintes et martyres; celles-ci, couronnées de palmes, surpassent toutes les autres en beauté. De l'autre, dans le même ordre, les hommes illustres. Devant ces belles têtes, si nobles, si expressives, dont un art si savant a vivifié les contours, on se demande en quel siècle vivait l'artiste, et quand on songe que son œuvre précède d'un quart de siècle les œuvres immortelles de l'Italie, sous Léon X, on doute si la statuaire allemande n'eut point une renaissance à elle, qui n'attendit pour éclore le réveil d'aucune autre nation.

Ulm est un beau nom de notre histoire militaire. Là fut inaugurée par un coup d'éclat la campagne qui devait se terminer à Austerlitz. Là une armée autrichienne, plus de 30,000 hommes, fut prise sans coup férir et forcée de se rendre. C'est au Michelsberg, sur les hauteurs qui dominent Ulm, qu'eut lieu le 20 novembre 1805 cette scène imposante.

Napoléon occupait un talus élevé, ayant derrière lui son infanterie rangée en demi-cercle sur le versant des hauteurs, et vis-à-vis sa cavalerie déployée sur une ligne droite. Les Autrichiens défilaient entre deux, déposant leurs armes à l'entrée de cette espèce d'amphithéâtre. On avait préparé un grand feu de bivouac, auprès duquel Napoléon assistait au défilé. Le général Mack se présenta le premier, et lui remit son épée en s'écriant avec douleur : « Voici le mal- « heureux Mack! »

« Napoléon le reçut lui et ses officiers avec une parfaite courtoisie, et les fit ranger à ses côtés. Les soldats autrichiens, avant d'arriver en sa présence, jetaient leurs armes avec un dépit honorable pour eux, et n'étaient arrachés à ce sentiment que par celui de la curiosité qui les saisissait en approchant de Napoléon. Tous dévoraient des yeux ce terrible vainqueur qui depuis dix années faisait subir de si cruels affronts à leurs drapeaux [1]..... »

Comment compter tous les champs de bataille qui depuis Ulm jusqu'à Ratisbonne signalent les bords du Danube? Sans quitter le pont du bateau, un amateur d'histoire militaire aurait de

[1] Thiers, *Histoire du Consulat et de l'Empire*, livre XXII, p. 128.

quoi remplir ses tablettes. Nommons-en un : Oberhausen, où tomba un noble cœur, la Tour-d'Auvergne, soldat sexagénaire, nommé par Bonaparte premier grenadier de France. Vieillard, il était parti pour conserver à un ami le fils que lui enlevait la conscription. Son cœur, enfermé dans une urne d'or, fut confié, comme un glorieux drapeau, à la garde du régiment, et tous les jours, à l'appel de son nom, conservé sur les contrôles, un soldat répondait : « Mort au champ d'honneur ! »

Ingolstadt, dont je n'ai fait que raser la rive, présente un front respectable de remparts et de bastions. Ils pourraient bien devoir l'existence à la même pensée qui a fait fortifier Ulm. La ville en reçoit un air belliqueux. Au temps où Ingolstadt n'avait pas de canons, c'était une riche et savante université. Des professeurs célèbres y enseignaient, et quatre mille étudiants suivaient ces cours. L'un d'eux, étudiant en théologie, a fait son chemin dans le monde de la légende : il s'appelait le docteur Faust.

D'Ulm à Ingolstadt, les bords du Danube sont monotones. Au-dessous de cette ville, la nature reprend quelque beauté. Les rives s'escarpent, les rochers se taillent et se mêlent en groupes fantastiques; les légendes apparaissent. Voici le rocher des Trois-Frères. Son histoire est une réminiscence de celles de Joseph et d'Abel. Plus loin, une roche de forme étrange, enveloppée d'herbes aquatiques et toute verdie par l'écume de l'eau, s'appelle la Sirène. Sa légende commence comme une idylle de Théocrite. Un pêcheur tend ses filets dans le fleuve et s'endort. Un léger cri le réveille. Une sirène s'était prise par ses longs cheveux aux mailles du filet. Il l'amène à la rive et la garde prisonnière. Pris d'amour pour elle, il lui livre son âme. Le génie du moyen âge reparaît dans le dénouement. La sirène est changée en roche, et le pêcheur damné pour son amour païen.

L'approche de Ratisbonne, la vue de ses sombres édifices par-dessus son vieux pont de pierre fait évanouir la légende. L'histoire reprend ses droits.

La prospérité de Ratisbonne remonte aux croisades. Cette ville fut pendant toute leur durée le rendez-vous des princes allemands et des soldats enrôlés sous leurs ordres. C'est là qu'ils s'embarquaient sur le Danube. Les bateliers de Ratisbonne, comme ceux d'Ulm, avaient une grande réputation d'habileté, et l'habileté était nécessaire pour conduire les frêles barques de ce temps sur une eau rendue dangereuse par les brisants, les sables, et par sa propre profondeur. Les érudits veulent que de là vienne le nom latin de Ratisbonne : *Ratibus bona* ou *Rates ponere*. Son nom allemand, Regensburg, vient de la Regen, petite rivière qui l'arrose. Les plaisants du pays jouent sur le mot *Regen,* qui signifie en allemand *pluie,* et de ce jeu de mots, qui ferait de Ratisbonne la ville de la pluie, ils se prévalent pour lui donner certain sobriquet qu'on donne à notre ville de Bourges. Je dois dire que, pendant toute la durée de mon séjour, le soleil a protesté contre les malveillances de l'étymologie.

La première flottille qui conduisit les croisés vers l'Orient en revint chargée des denrées précieuses de ces contrées. Ainsi commença la grandeur commerciale de Ratisbonne. Pendant deux siècles, elle fut l'entrepôt de l'Allemagne. Le commerce de l'Europe centrale avec l'Asie passa par ses murs. Elle envoyait en Orient le fer, les fourrures, les tissus de chanvre, de laine et de lin; elle en recevait la soie, les épices, les parfums, les étoffes, les bois précieux;

ce fut la Venise du Danube. Ses relations s'étendirent sur le continent. Elle eut des comptoirs en France, en Angleterre, en Italie, même en Russie.

Deux événements changent la face de sa fortune : les progrès des Turcs en Europe et la découverte du cap de Bonne-Espérance. Le premier ferme aux chrétiens les ports de la mer Noire; le second ouvre une voie nouvelle de communication. Désormais le commerce de l'Europe suivra la route tracée par Vasco de Gama; la fortune du Portugal a tué celle de Ratisbonne.

Atteinte d'une décadence rapide, Ratisbonne s'en consola en gardant une ombre de grandeur politique. Le siècle suivant, elle devint pour deux cents ans le siège des diètes impériales.

J'ai visité l'hôtel de ville, où se tenait la diète. C'est un grand édifice, assez antique, assez sombre, très défiguré par des constructions successives. Sa fondation remonte au xive siècle. On y pénètre par un portail dont les figures font la joie des amateurs. Deux archers en sentinelle vous regardent passer. Casque en tête, cuirasse sur le corps, barbus et crépus, ils ont l'air des plus francs soudards qui jamais aient porté la hallebarde. Le gardien qui vous reçoit corrige l'impression : c'est un gros homme bien fleuri, bien nourri, dont la face joviale porte cet air de satisfaction qui distingue entre toutes la classe des employés bavarois.

La salle de la diète est une vaste pièce qui tire tout son caractère de ses vitraux et de ses lambris de chêne. Au plafond, un grand aigle étend ses ailes; mais ce n'est plus qu'un fantôme. Le globe du monde est tombé de ses serres. Un fauteuil décoré du nom de trône, une table couverte d'un velours flétri, quelques sièges mangés des vers composent l'ameublement.

Cette chambre a vu se réunir soixante-deux fois la diète. Elle a vu les délibérations les plus importantes, les diplomates les plus habiles, les plus illustres personnages. Elle n'en vit pas de plus étrange que celui qui, vers l'année 1630, représentait officieusement la France dans le conseil de l'Empire. C'était le père Joseph, l'Éminence grise, l'âme damnée du cardinal de Richelieu, comme on disait en France. Ce diplomate en sandales remplit si bien son rôle, mania si bien les esprits, les tourna tellement à sa guise et selon les intérêts de son maître, que l'empereur Ferdinand, joué par lui, s'écria, quand l'événement lui eut ouvert les yeux : « Un méchant capucin m'a désarmé avec son rosaire, et ne m'a pas enlevé moins de six chapeaux d'électeur dans son étroit capuchon ! »

De la salle impériale on descend dans les prisons.

Quelle horrible chose que les prisons du de temps nos pères ! quelle rigueur impitoyable ! quel mépris de la vie de l'homme et de sa dignité ! En France, en Allemagne, en Italie, en Angleterre, que cela s'appelle la Bastille, la Tour de Londres, les Plombs, partout, dans l'Europe féodale et royale, les mêmes raffinements de cruauté. Voici le tableau qu'en traçait au xvie siècle un jurisconsulte français :

« Au lieu de prisons humaines, on fait des cachots, des tasnières, fosses et spélunques, plus horribles, obscures et hideuses que celles des plus venimeuses et farouches bêtes brutes, où on les fait raidir de froid, enrager de malefaim, hannir de soif, et pourrir de vermine et de povreté, tellement que si par pitié quelqu'un va les voir, on les voit lever de la terre humoureuse et froide, comme les ours des tannières, vermoulus, basanés, si chétifs, maigres et défaicts, qu'ils n'ont que le bec et les ongles. »

J'ai cru voir ce tableau dans les caveaux de Ratisbonne. A la lueur d'une lanterne, j'ai compté dans la chambre de torture vingt instruments inventés pour arracher la chair, briser les os, atteindre la vie jusqu'au plus intime de l'être. J'ai vu là, entassés l'un sur l'autre, une affreuse collection d'engins, des rouleaux hérissés de pointes, des coins de fer, des échelles, des roues, des potences, tout ce qu'a pu imaginer d'infernal le génie de la vengeance. Une grille en bois sépare le caveau en deux salles : d'un côté le patient, de l'autre le juge. A l'abri du sang qui jaillissait, et de la chair qui volait en lambeaux, l'œil du juge suivait l'œuvre des bourreaux, son oreille recueillait les aveux de la victime. Un mur l'en séparait, comme pour le défendre contre sa propre pitié.

Sa position sur le Danube a fait de Ratisbonne, cité marchande, une cité guerrière, bien malgré elle. Elle n'a guère tiré l'épée que pour se défendre, rarement avec succès. On compte dans son histoire vingt sièges et dix capitulations. Attila lui infligea la première, Napoléon la dernière. Elle renferme encore, débris du moyen âge, quelques vieilles maisons qui sont de vraies forteresses. Les murs, en forme de tours, s'élèvent au-dessus des toits voisins; de rares fenêtres les éclairent : c'est morne à voir. La ville elle-même n'a pas de grandes défenses; mais le Danube en est une excellente. Le vieux pont était jadis retranché comme un fort. Ses donjons et ses créneaux ont péri, mais il a conservé un caractère original. Avec ses pierres usées, ses arches que mine le fleuve, l'angle saillant qui surmonte l'arche centrale, c'est le monument le plus original de la cité. C'est, avec le marché, le seul endroit animé. Le reste de la ville est mort. C'est la loi commune à ces contrées. La vie s'en est retirée.

« Les cités dont l'image se reflète dans mes flots sont pleines des récits du passé. Elles semblent demander, en penchant leur tête triste et muette : Quand renaîtra notre antique grandeur [1] ? »

C'est ainsi qu'un poète fait parler le Danube; ainsi semble-t-il se plaindre sous le vieux pont de Ratisbonne.

A huit kilomètres de là, sur la rive gauche du Danube, on aperçoit trois collines placées de front au bord du fleuve. Celle du centre, taillée à pic comme un piédestal, nue à sa

[1] Schenkendorf, *Chanson des Fleuves allemands.*

cime, porte un temple grec, magnifique dans sa forme éblouissante de blancheur. Cinq cents degrés de marbre échelonnés sur les rampes conduisent de la rive du fleuve au pied du temple. Là se découvre une vue imposante : une plaine sans limite où le Danube prolonge à perte de vue les sinuosités de son cours. On dirait, dans un seul tableau, l'image de l'Allemagne entière.

C'est le Walhalla.

Le Walhalla, — le mot signifie *salle des choisis,* — représente dans la mythologie scandinave l'Élysée de la mythologie grecque. C'est là que les héros, reçus par Odin, goûtaient les rudes délices réservées, selon leurs croyances, aux mânes des guerriers et des sages. Le roi Louis de Bavière s'est servi du même symbole et du même nom pour son Panthéon germanique. Tout jeune encore, et n'étant que prince héréditaire, il en conçut l'idée en lisant l'histoire de Jean de Muller. C'est la jeunesse qui conçoit les plans réalisés par l'âge mur. Celui-ci ne fut exécuté que vingt-cinq plus tard, en 1842, mais avec magnificence. Le roi a choisi la plaine de Ratisbonne, parce que c'est là que le Danube atteint le point culminant de son cours.

Le Walhalla.

Là, l'Allemagne trouve son centre; le Nord et le Midi se rencontrent et se jettent d'une rive à l'autre de fraternels regards. Il a adopté la forme grecque, parce qu'elle semble convenir le mieux à l'apothéose des grands hommes.

Le Walhalla est construit sur le modèle du Parthénon. Une colonnade d'ordre dorique règne tout autour. Une grande porte de bronze ferme l'unique entrée. Chaque façade est décorée d'un fronton sculpté. Le fronton du nord représente le plus antique trophée de la Germanie, une victoire d'Arminius sur les Romains. Arminius ou Hermann occupe le centre de la composition; sa haute taille domine tout. A sa droite gisent dans la poussière les aigles abattues, Varus humilié, un légionnaire attendant les chaînes; à sa gauche, des guerriers germains, un barde antique, la prêtresse Velléda, et un soldat expirant sous le regard de la Victoire. On dirait un tableau du poème des *Martyrs,* revêtu de cette grandeur suprême que donne le marbre. Cette œuvre est belle et noblement conçue. Elle est de M. Schwanthaler, une des gloires de la pléiade bavaroise.

Pour ne pas offenser le pavé du temple, on revêt avant d'entrer des chaussures de feutre;

puis la porte de bronze s'ouvre solennellement.
Le premier coup d'œil est enchanteur. Sur la
tête, sous les pieds, à droite et à gauche, partout le marbre; la lumière tombe à flots par les
voûtes. Trois avant-corps décorés de colonnes
coupent à intervalles égaux la longueur de
la salle : des cariatides d'une rare perfection,
le visage serein, l'attitude majestueuse, leurs
cheveux dénoués sous leurs robes d'or, accou-
plées comme des sœurs, soutiennent les por-
tiques. A la voûte, des étoiles d'or étincellent
dans des caissons d'azur. Dans les angles, de
grands candélabres antiques en marbre blanc
attendent l'huile parfumée ou l'encens. En
marbre blanc encore, et du plus pur, six Victoires, sculptées par Rauch, se détachent sur le
fond violacé de la muraille : leurs formes sont
d'une élégance et d'une légèreté parfaites. Une
surtout; à demi penchée, et à peine posée sur
la terre, on dirait qu'elle va s'envoler avec la
couronne qu'elle lance.

Les bustes des grands hommes sont rangés
sur trois lignes, le long des parois du temple,
tous à peu près de même grandeur et de même
matière : ils reposent sur une console continue
détachée du mur. Des inscriptions en lettres

d'or rappellent les noms de ceux dont l'image n'est pas venue jusqu'à nous.

Ces bustes, il faut le dire, sont la partie faible du Walhalla; peu d'entre eux soutiennent l'examen : il faut se contenter de la vue d'ensemble.

Certes l'Allemand qui passe à Angers et visite dans le musée de cette ville les bustes et les médaillons de la galerie David, pour peu que la vanité nationale ne mette pas un bandeau sur ses yeux, doit faire une comparaison affligeante. La belle tête de Schiller est défigurée. On cherche Gœthe et Mozart sans les reconnaître. Mais on reconnaît Blücher, qu'on ne cherche pas.

Straubing est la première ville après Ratisbonne. On la distingue du haut du Walhalla. Le fleuve fait de longs circuits avant de l'atteindre. On a tout le loisir d'étudier la grande tour de son hôtel de ville; surtout on se fait conter l'histoire d'Agnès Bernauer, l'héroïne du lieu.

Agnès Bernauer était la fille d'un artisan d'Augsbourg. Elle était, dit la tradition, merveilleusement belle. Son portrait, que j'ai vu à Augsbourg, dément un peu la tradition; mais

un grand air de douceur est peint dans ses
yeux, et ses joues ont la pâleur d'un personnage de légende. Albert, fils du duc de Bavière, en devint éperdument épris. Il l'épousa
à l'insu de son père. Le mariage fut béni par
le chapelain d'une église de village, sans autres
témoins que deux serviteurs. Les époux se rendirent au château de Straubing, dont le Danube baigne encore les ruines.

La nouvelle parvint aux oreilles du duc de
Bavière. Il destinait à son fils la main d'une
riche héritière; son dépit fut extrême et ne
tarda pas à éclater. Un jour de fête, un tournoi
se donnait sur l'une des places de Ratisbonne.
Albert s'y présenta avec une suite brillante. Il
aimait les belles armes, s'en servait vaillam-
ment, et venait disputer le prix. Comme il
entrait dans la lice, les hérauts d'armes, sur
l'ordre du duc, lui en interdirent l'accès; il
tourna bride, donna de l'éperon à son cheval,
et s'en revint à Straubing.

Cette fuite irrita le duc. Un jour qu'Albert
était à la chasse, une troupe envahit le château, désarme les serviteurs et s'empare de la
personne d'Agnès. La salle d'armes est transformée en tribunal, et la jeune femme, trem-

blante, prévoyant sa fin funeste, y est traînée comme une misérable. On l'accuse de crimes imaginaires, on lui refuse les moyens de prouver son innocence, et des juges iniques la condamnent à périr dans le fleuve.

Il y avait alors (1435) un pont de bois qui fut brûlé au siècle suivant. Les soldats y conduisent l'infortunée. Une grande foule se pressait sur leur passage : sa grâce, sa jeunesse, les larmes qui inondaient son visage, sa pâleur, et jusqu'au contraste de sa misère présente avec son élévation passagère, émurent de pitié les plus insensibles. Mais la sentence devait s'accomplir. Les bourreaux la saisissent, la soulèvent, et, sans qu'elle fasse de résistance, sans qu'elle prononce une seule plainte, ils précipitent dans le fleuve la victime résignée. Un murmure d'horreur couvre la rive, puis un grand silence. La malheureuse n'avait point été submergée. Soutenue par ses vêtements, elle flottait à la surface et se débattait contre la mort. Le flot la pousse vers la rive, elle fait effort pour l'atteindre : ses bourreaux y sont avant elle; elle leur tend ses mains innocentes, l'amour de la vie est revenu en elle avec l'horreur de la mort; elle les supplie avec angoisse.

Trois d'entre eux se détournent en pleurant.
Que Dieu en décide, disent-ils, et ils attendent
qu'elle aborde ou qu'elle meure. Un seul est
impitoyable. On raconte qu'il avait contre Albert un ressentiment secret, et que le duc lui
avait confié à dessein l'exécution de sa vengeance. L'infortunée créature n'était plus qu'à
quelques pas du rivage; ses longs cheveux,
dénoués dans sa chute, flottaient sur ses
épaules. Le soldat s'arme d'un croc de batelier,
la saisit par ses tresses, l'enfonce sous l'eau,
et l'y maintient de force jusqu'à ce que les dernières convulsions aient annoncé sa mort. Son
cadavre fut retiré du fleuve et pauvrement enseveli. Plus tard on déposa ses restes dans une
chapelle du cimetière, où l'on vient les visiter
encore.

Passau est ma dernière étape sur le Danube
bavarois. Cette petite ville de onze mille habitants jouit d'un site extrêmement pittoresque;
aussi est-elle fort célébrée dans les descriptions
allemandes. Kohl l'appelle « un bijou finement
ciselé dans un collier de perles ». Elle-même se
nomme la Venise du fleuve. Elle en est plutôt
le Coblentz. L'Inn, plus large ici que le Danube (260 mètres contre 225), s'en approche

Passau

lentement, forme avec lui un angle aigu, et
s'y jette ou plutôt s'y réunit sans violence.
Passau, bâtie dans l'échancrure, se mire dans
ces deux nappes d'eau. Elle s'avance comme un
promontoire effilé et bordé de maisons. L'une
d'elles, bâtie à l'angle, jouit de la vue du Danube
et de l'Inn. L'Inn a ses partisans, qui veulent à
son profit détrôner le Danube; ils traitent ce
dernier d'usurpateur. Selon eux, c'est l'Inn qui
reçoit le Danube et qui, grossi de ses eaux,
coule depuis Passau jusqu'à la mer Noire. Le
paradoxe n'a pas réussi, même en Allemagne.
L'Allemand ne renonce pas facilement au prestige de son vieux fleuve.

A quelques milles de Passau, le Danube entre
en Autriche par une contrée pittoresque dont
Lintz est le point saillant.

CHAPITRE III

LE DANUBE EN AUTRICHE

Lintz. — Le Strudel et le Wirbel. — Les pèlerins de Maria-
Taferl. — L'abbaye de Mœlk. — Aggstein et Durrenstein. —
Souvenirs et légendes. — Nussdorf; arrivée à Vienne.

Les peintres représentent Lintz assise comme
une reine au bord du Danube, et du haut de sa
colline reflétant dans le fleuve les dômes et les
coupoles de ses nombreuses églises. Lintz a
cette apparence. Mais rien de plus trompeur
que sa beauté. C'est un magnifique décor, rien
de plus. Les rues sont inanimées, les places dé-
sertes; des officiers et des soldats bâillent sur
les promenades; les monuments luttent de

pesanteur et de mauvais goût. Vous voyez
d'abord, sur la grande place, une colonne de
marbre façonnée en forme de nuages, de dix
mètres de haut. A sa cime, à sa base, même à
ses flancs s'accrochent vingt personnages, dont
chacun se contourne et grimace à l'envi. L'ensemble est dédié à la Trinité. L'empereur
Charles VII fit élever, au dernier siècle, cette
colonne votive. Avec un à-propos merveilleux,
il la plaça entre un Jupiter porte-foudre et un
Neptune porte-trident. Leurs grâces mythologiques achèvent d'embellir le marché.

Lintz a de grandes églises; mais elles sont
toutes de cette architecture ambitieuse et vulgaire qui inspire la haine du marbre et des dorures, par l'usage qu'elle en fait.

C'est un luxe imité du moyen âge de revêtir
les voûtes des cathédrales d'un ciel constellé.
En France, on se contente de points d'or mar-
qués au pinceau, sur un firmament bleu. L'effet
en est charmant; on dirait une voie lactée. A
Lintz, l'architecte a cloué un cent de grosses
planètes en cuivre doré, dont il n'en faudrait
qu'une, se détachant de la voûte, pour assom-
mer son homme.

Mais la vue du Danube à Lintz est admirable.

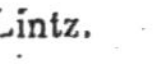

Lintz.

Du haut des collines qui l'enferment on dirait, tant il est large et répandu, un grand lac que le vent pousse à sa rive, et qui va s'endormir aux approches du soir. Si l'on descend sur le pont de bois branlant et vermoulu qui le traverse, on mesure de plus près la grandeur de ses flots, qui semblent faits, comme ceux de la mer, pour porter des navires; on admire ce géant; on jouit de l'avoir sous ses pieds, calme et docile, lui dont la colère s'est fait tant de fois sentir aux cités qu'il arrose. Ici le soleil couchant prend une beauté imposante. Je l'ai vu, près de descendre derrière les créneaux de la montagne, mouiller sa pourpre dans le lac limpide, tandis qu'à l'est l'œil commençait à confondre dans une grande ombre le fleuve avec ses rives et le ciel qui les enveloppe.

Les quais de Lintz n'offrent plus la même animation qu'il y a dix ans. Les bureaux du bateau à vapeur ne sont plus assiégés, ni les billets enlevés de vive force. Le chemin de fer fait au Danube une rude concurrence. Les voyageurs pressés, les négociants, pour qui le temps est de l'argent, préfèrent la voie la plus rapide. Les touristes, les flâneurs, les écoliers en vacances, les pauvres diables qui ne dédaignent pas une économie d'un florin, sont restés fidèles à l'autre. Ils suffisent pour composer une masse de passagers respectable.

Nous quittâmes Lintz vers sept heures, heure matinale en Autriche, où l'on aime les longs sommeils et les grasses matinées. Aussi le pont était-il plein de gens assoupis qui reprenaient sur un banc, au grand air, leur somme interrompu. Quelques retardataires, arrivés après le dernier coup de cloche, demeurent sur la rive, le pied suspendu et les bras dirigés vers nous. Le bateau donne une leçon d'exactitude au chemin de fer.

Celui-ci s'appelait *Attila,* et portait à la proue le nom de son sauvage patron. Il était à aubes, assez lourd, assez lent, de moyenne grandeur, et d'une propreté douteuse. L'avant était occupé par des voyageurs de toute mine et de toute condition, parmi lesquels dominait le touriste. Chacun était campé dans un grand désordre. Bancs, pliants, cordages, ballots, cages à poules, cabestans, tout était bon pour se coucher ou s'asseoir. « Tout est aux *voyageurs* couchette et matelas. » On s'arrangeait le plus commodément possible pour passer les douze heures de navigation. C'est le temps que dure

en été, pendant les eaux basses, le voyage de
Lintz à Vienne. A la proue, deux grands Écos-
sais au teint pâle, aux yeux bleus, coiffés du
bonnet national, et drapés comme deux frères
dans le même manteau, prenaient d'avance
l'air sentimental, et posaient, aux yeux de
l'équipage, pour deux statues de l'Admiration.
Ailleurs, une bande d'étudiants allemands, tous
blonds et joufflus, de bonne heure attablés
devant des pots de bière et des assiettes de jam-
bon, attendaient patiemment l'heure du déjeuner. Appuyé sur une futaille vide, un bonhomme
à barbe grise s'était paisiblement endormi, et
pressait tendrement le fourneau de sa pipe
éteinte. Au centre, un essaim de petites filles,
sous la conduite de deux religieuses, étaient
assises sur de longs bancs de bois. C'étaient des
écolières en vacances, gaies de visage, gaies de
parures, gaies de langage, comme un jour de
fête.

Au-dessous de Lintz, la navigation du Danube
demeure un assez long temps monotone. Le
fleuve roule entre des rives plates; les arbres
et les habitations sont rares. Nous cheminons
pendant deux heures avant d'atteindre un bourg
de quelque importance. De nombreux bancs de

sable obstruent le lit du fleuve, plus dangereux dans ce moment de l'année. Le pilote se dirige avec précaution. Des matelots éprouvent la profondeur de l'eau. Munis de longues perches, ils sondent et tâtonnent. On les entend annoncer d'une voix monotone des chiffres auxquels le capitaine est attentif. Il est debout sur son banc; d'une voix brève il accélère ou suspend le mouvement des aubes. *Schnell! langsam!* (Vite! doucement!) voilà tout son langage. Le fleuve est désert comme sa rive. Pas une voile, pas une chaloupe. Seulement de longs radeaux, qui descendent et portent à Vienne les planches et les troncs d'arbres dont ils sont formés. L'un d'eux avait bien trente-trois mètres de long. Dix hommes à l'avant, et dix hommes à l'arrière, debout sur les poutres submergées, se courbaient avec effort sur d'énormes rames. Elles étaient faites d'une seule pièce, avec un arbre entier à peine équarri. Une planche adaptée à l'extrémité donne à cette machine une certaine apparence d'aviron. Des liens d'osier gros comme le bras attachent le manche au radeau. Au passage du bateau, on vit ces énormes nageoires se plonger à la fois dans l'eau, s'y mouvoir obliquement, et imprimer à la lourde machine une impulsion à peine sensible. Au milieu du radeau, une hutte de branchage abritait quelques femmes. Une marmite fumait sur le feu. Accroupies à côté, les ménagères apprêtaient le repas des rameurs, et près d'elles, cinq ou six petits drôles en cheveux jaunes et en haillons gambadaient autour du foyer. Nous les rasâmes de près; ils dansèrent dans le remous, et du steamer au radeau il se fit un échange de saluts.

« Bon appétit, mariniers.

— Passagers, bon voyage. »

Peu d'instants après nous rencontrons les premiers rapides.

On appelle ainsi les bas-fonds semés d'écueils contre lesquels l'eau se brise en bouillonnant. Là sa pente se précipite, et elle acquiert une vitesse extrême. Il y a deux passages semblables, et qui sont peu éloignés entre eux. On les appelle le Strudel et le Wirbel. Jadis c'était la terreur des bateliers et la cause de nombreux sinistres. Que de fois les barques de nos pères s'y sont-elles brisées, couvrant le fleuve de cadavres et de débris! Aujourd'hui la poudre a fait sauter les plus gros obstacles; un étroit chenal préserve les bateaux. Cependant nous sommes entraînés avec violence entre deux tourbillons d'écume. Il se fait sous nos pieds un grand murmure. Une roche énorme se dresse devant nous comme pour nous barrer le passage. Le pilote nous mène droit sur elle. Attend-il qu'elle se dérange?. Nous interrogeons avec anxiété le visage du capitaine : il est impassible. Un mouvement du gouvernail nous éloigne à temps du dangereux passage. Mais le pas est difficile, et un équipage payerait cher une distraction de son pilote.

Pendant que ces péripéties nous tenaient en suspens, la nature a changé d'aspect. On dirait un décor nouveau. La scène est transformée. Les rives s'élèvent et s'escarpent. Des collines, presque des montagnes, dressent leurs hautes murailles. Le fleuve redevient aussi beau qu'à Lintz; c'est un lac aux sinueux contours, mais plus sauvage, plus imposant, plus solitaire. Les rochers prennent la couleur du bronze. D'autres, aux veines rougeâtres, exposent leurs flancs déchirés comme par d'horribles blessures. Quelles batailles se sont livrées sur ces rives? quels coups ont fait ces profondes entailles? D'épaisses forêts pendent sur le fleuve et le couvrent d'ombre. Le soleil, ce jour-là, faisait défaut; de gros nuages s'étaient amoncelés dans le ciel, et de légers brouillards flottaient sur l'eau. Un vent violent tordait les arbres et faisait voler nos manteaux. Toute la scène était sombre. On s'en plaignait autour de moi ; on regrettait le soleil de la veille et la face bleue du firmament. Je sentais tout autrement. J'aimais ce cadre sévère d'un tableau qui est imposant. Je jouissais de cette morne nature plus que si je l'eusse vue riante comme sur les rives de Constance. Le Danube n'est pas un ruisseau d'idylle qui mène à travers les prés la troupe enrubannée des bergers et des bergères. C'est le vieil enfant d'une terre brumeuse, couverte de frimas pendant l'hiver, en tout temps séjour de tristesse et de mélancolie. Il était vieux déjà quand Arminius teignait ses eaux du sang des légions romaines; vieux quand Attila allumait sur ses rives l'incendie qui devait dans sa pensée dévorer Rome et l'empire ; plus vieux encore quand Charlemagne se frayait à travers ses forêts un chemin jusqu'à Vienne. Les anciens eurent raison de représenter les fleuves comme des vieillards à barbe blanche. Le sentiment qu'ils inspirent est celui de la vénération. Qu'ils ont de majesté ces contemporains du monde, ces aïeux de l'humanité! qu'ils ont vu de choses, et, s'ils avaient cette voix que leur prêtait la fable, que de récits leurs flots feraient entendre! Mais leurs rives, les ruines, les monuments qui les couvrent, et le nom même des lieux, parlent à leur place. De Lintz à Vienne, dans un si court espace, ils racontent une étrange histoire. L'homme s'y montre à chaque page dans son triple rôle d'oppresseur, de victime et de libérateur; et Dieu, comme sur la scène antique, y vient plus d'une fois trancher le nœud et hâter le dénouement. Cette histoire, il faut la lire sur les lieux mêmes. J'en dirai quelques épisodes; je recueillerai quelques légendes. Ici, comme sur les bords du Rhin, les légendes croissent en foule. C'est la fleur naturelle des beaux sites. Chaque cime a la sienne, chaque rocher m'en présente. J'en vois sous le lierre qui cache les ruines. Il y en a jusque dans le sein du fleuve, épanouies et suspendues comme ces fleurs dont le calice vogue et flotte de rive en rive.

On aperçoit sur la gauche le village de Marbach; au delà, une montagne qui le domine, et qu'on appelle le Taferlberg. A sa cime ni maisons ni cultures, seulement deux grands clochers appartenant à la même église. Cette église est vénérée en Autriche à l'égal de nos plus fameux sanctuaires.

Jadis un vieux chêne croissait sur la montagne, et dans le tronc du chêne était enchâssée une image de la Vierge. L'arbre et l'image étaient là de toute antiquité. Les vieillards ne se souvenaient pas de les avoir vus moins vieux. C'était un lieu saint dans la contrée. Deux fois par an les paysans se réunissaient alentour, et, sur une table de pierre aussi vieille que l'arbre, tels que les chrétiens de la primitive Église, ils prenaient en commun un repas de fête, et se donnaient le baiser de paix. Cependant l'arbre mourut et cessa de reverdir. Conseillé par l'avarice ou par l'indigence, un bûcheron résolut de l'abattre. Il gravit la montagne par une nuit noire, et brandit sa cognée. Mais la hache se détourne de l'arbre sacré, et va frapper à la jambe le malheureux bûcheron. Il tombe, et, près de mourir, il implore avec ferveur l'image de la Vierge. Celle-ci parut s'incliner sur lui, et sa blessure se referma à l'instant, mais la trace de son sang demeura longtemps sur la terre. Le bruit de ce miracle se répandit. La réputation de Maria-Taferl (Marie de la Petite-

Table, c'est encore son nom en Allemagne) alla croissant. Elle n'a pas diminué. Le chêne est tombé ; mais on a consacré la place, relevé la statue, et bâti l'église qui couronne la montagne. Plus de cent mille pèlerins y viennent chaque année de tous les points de l'Allemagne.

Nous avons reçu à Marbach une troupe de ces pèlerins. Rangés sur la rive, ils attendaient avec tout le village le passage du bateau. C'étaient les habitants d'une commune rurale de Vienne. Ils étaient venus la veille, et avaient passé la nuit en prières dans l'église de Maria-Taferl. Ils s'en retournaient en priant encore. Ils s'avancèrent en bon ordre. Une bannière marchait en tête. Le cortège suivait. Nous leur fîmes place sur le pont. Ils étaient une centaine, hommes, femmes et jeunes gens. Quelques enfants, fatigués du voyage, dormaient dans les bras de leurs mères. C'étaient de pauvres gens, laboureurs pour la plupart, s'il en faut juger à leur teint hâlé, à leurs mains calleuses. Les hommes étaient couverts du grand chapeau noir qui sert au paysan allemand comme au Breton. Les femmes avaient la tête enveloppée dans de grandes coiffes de laine. Il était tombé un peu de pluie pendant la nuit, et leurs souliers étaient devenus boueux dans les sentiers de la montagne. Une bure usée formait leurs pauvres habits de fête. Ils avaient dans les mains des rameaux fraîchement coupés, des médaillons de cuivre, des madones enluminées, des scapulaires, seul luxe de ces pauvres gens. Quand le bateau eut repris sa marche, ils ne s'assirent pas d'abord. Leur chef, un grand vieillard blanc comme un patriarche, les rassembla autour de la bannière, et, debout, tête découverte, tournés vers la rive, ils firent par un cantique leurs adieux à la madone de Maria-Taferl. Les paroles n'étaient pas pompeuses; leurs voix, rauques et fatiguées, ne flattaient pas l'oreille; pourtant il se fit autour d'eux un grand silence. On venait de toutes parts pour les entendre, et la curiosité faisait soudain place au recueillement.

De toute prière prononcée par des voix sincères s'élève une secrète émotion qui touche le cœur et l'incline devant Dieu. Et quelle grandeur n'ajoutaient pas à cette scène la vue du fleuve, la beauté de ses rives, la présence des montagnes, l'étendue de l'horizon! Ainsi se présentaient à mon esprit ces barques qui, huit siècles avant, portaient vers les lieux saints les soldats de Conrad et de Barberousse. Que nous sommes loin de ces temps! que d'années écoulées! que d'événements accomplis! Un nouveau droit règne au lieu de l'ancien; la glèbe se cultive par des mains libres; l'imprimerie répand ses lumières et perpétue les fruits de la pensée; la poudre et le boulet ont rasé la forteresse féodale, et servi à leur manière la cause du progrès; l'industrie enfante des prodiges; la vapeur prête à l'homme le levier que cherchait Archimède. Mœurs, lois, arts, tout est né d'hier, tout est renouvelé, tout, excepté la foi, excepté la prière, qui, depuis dix-huit siècles, se transmet dans ces pauvres familles. Il y a donc quelque chose de fixe dans l'homme; une partie de son cœur qui survit à tout le reste, un sentiment qui demeure quand tout s'écroule. Grand sujet de réflexion pour toute âme sincère dans son doute ou dans sa croyance.

A peu de distance de Maria-Taferl s'élève l'abbaye de Mœlk, sa métropole. L'Allemagne n'a pas de plus riche ni de plus puissante communauté. Sa façade et ses ailes de pierre se déploient sur tout le plateau de la montagne. Une coupole et deux clochers la signalent de loin. Le Danube, épandu comme un lac, passe lentement à ses pieds. Vignes, forêts, prairies, moissons, toute la contrée voisine lui appartient. A l'intérieur, les dorures sont si abondantes, dit un voyageur, que lorsque le soleil éclaire le sanctuaire, il est difficile de le regarder sans être ébloui. Ses caves sont immenses; des chariots y circulent à l'aise. Dans les campagnes de 1805 et de 1809, pendant quatre jours soixante mille pintes de vin furent distribuées à nos soldats sans que la provision fût épuisée.

On conserve dans l'abbaye, sous le nom de chambre Impériale, la chambre habitée par Napoléon. Une marque de son passage qu'on montrait aux curieux a disparu dans de récentes restaurations. C'était une trace de brûlure profondément imprimée dans le parquet. Napoléon avait reçu à Mœlk une dépêche qui lui annonçait un engagement malheureux. Irrité, il alluma la feuille de papier à un flambeau et la jeta sur le plancher, où elle acheva de se consumer. Les moines tinrent un registre exact des faits et gestes de l'empereur. Ces éphémérides existent dans les archives de la communauté. Un Allemand, qui les a feuilletées, en rapporte cette phrase : « Napoléon di-

sait qu'il estimait l'ordre des bénédictins à raison de ses services et de sa science; qu'il avait
encore une raison de les tenir en haute consi-
dération : c'est que les trois quarts de ses gé-
néraux avaient été formés et élevés par des
bénédictins[1]. »

Les rives du Danube sont peuplées de ruines.
La plupart viennent de ces forteresses féodales,
vrais nids de brigands, d'où la terreur s'éten-
dit durant le moyen âge sur toute la contrée.
Presque toutes sont plantées sur des cimes
aiguës et escarpées; aussi n'ont-elles pas résisté
aux attaques de l'artillerie. Agstein peut servir
de type. Agstein est le nom d'un château dont
il ne reste que des débris. Il occupe le sommet
d'un cône élevé qui s'avance dans le fleuve. Sa
base, minée par l'eau, menace de s'écrouler
avec les ruines qu'elle supporte.

Le maître d'Agstein était, au XIIIe siècle, un
certain sire de Schreckenwald, l'effroi du pays.
Bateliers, marchands, voyageurs, soldats même,
il détroussait tout le monde. L'homme avisé
qui voyageait sans argent était retenu prisonnier, et au bout de quelques jours, si la rançon

---

[1] Kohl, *Die Donau von ihrem Ursprunge bis Pesth.*

n'arrivait pas, Schreckenwald l'envoyait faire visite à son *jardin des roses*. Il appelait ainsi une trappe couverte de gazon, par où les prisonniers étaient précipités dans un gouffre hérissé de pointes de fer. Ce brigand porta sa tête sur l'échafaud; mais on n'y gagna rien. Ses domaines passèrent à deux hommes encore plus cruels : Hadmar et Leutold. On les appelait les *deux limiers*. Outre le château d'Agstein, ils possédaient Durrenstein et vingt autres lieux. Ils tenaient en échec les forces réunies des barons voisins. L'évêque de Passau les excommunia vainement, et le duc d'Autriche se vit enlever par eux, dans sa propre capitale, son trésor, avec le sceptre et le grand sceau de l'État. Un marchand de Vienne, dont ils avaient tué le fils unique, vengea tous ces crimes. Il s'appelait Rudiger. Sa ruse est une réminiscence du cheval de Troie.

Il fit construire une barque pontée, la chargea des plus riches denrées, et prit soin que le bruit de son voyage se répandît. Il arriva au pied du donjon, la nuit, comme pour tromper l'œil des brigands. Il avait eu soin de les faire prévenir par un faux affidé. On l'arrête, les deux limiers se hâtent d'aller visiter la barque

et le butin; mais au lieu de l'or qu'ils cher-
chaient, ils rencontrent trente archers qui les
garrottent. Une chose manque au dénouement :
ils ne furent pas pendus; le duc se contenta de
confisquer leurs trésors et de raser leurs forteresses.

Durrenstein, à quelques milles au-dessous,
est le plus beau site de tout le Danube autrichien. Sur un rocher inaccessible s'étend une
longue ligne de murailles, de pignons, de tou-
relles, où l'œil démêle encore parmi les débris
la grandeur d'un plan primitif. On dirait les
ruines d'une ville entière. D'énormes assises
sont restées enfoncées dans le roc, et l'étreignent
comme des griffes de lion. Leurs blocs sont in-
tacts. La guerre, la tempête, le temps, rien n'a
pu les entamer. Ils ont mieux résisté que la
montagne, qui s'en va miette à miette dans le
fleuve. Mais ils ne supportent plus que des par-
celles de murailles, des créneaux interrompus,
des donjons éventrés. Une végétation touffue
s'est emparée de ces pierres, et achève de les
briser. De grands aigles y ont leur aire. Pirates
aériens, ils décrivent avec leurs ailes de grands
cercles d'ombre, et règnent dans ce séjour de
rapines abandonné par l'homme. Le Danube,

Durrenstein.

encaissé dans un lit étroit, roule au pied de la montagne, et deux murailles de granit donnent à ses eaux une sombre couleur. Un joli village s'étale au pied des ruines.

C'est dans ce lieu que la légende ou l'histoire, — il y a doute sur ce point[1], — représente Richard Cœur-de-Lion captif et chantant, quand son serviteur Blondel vint le délivrer.

Une violente tempête l'avait jeté sur les côtes de Dalmatie, à son retour de Palestine. Pressé de rentrer en Angleterre, il voulut traverser sous un déguisement les terres du duc d'Autriche, qu'il avait mortellement outragé dans la dernière croisade. Le duc se saisit de son rival, et le jeta dans le donjon de Durrenstein. Le roi y demeura longtemps dans une étroite captivité. Un pauvre ménestrel, qu'il avait recueilli et protégé, se mit à la recherche de son maître. Blondel allait de ville en ville, en disant les romances qu'ils avaient composées et chantées ensemble. Il arriva ainsi aux bords du Danube, près des murs habités par Richard. Là il se

---

[1] Il y a deux Durrenstein en Autriche. L'autre est sur la route de Trieste à Vienne. On ne sait pas très sûrement lequel servit de prison à Richard.

mit à chanter des vers que le roi avait écrits en l'honneur de sa dame :

> Dame, votre beauté
> Et vos belles façons,
> Vos beaux yeux amoureux
> Et votre gentil corps gracieux,
> Voilà ce qui m'emprisonne
> Dans votre amour qui m'enchaîne

La voix de Richard répondit derrière les grilles ; elle chantait la fin de la romance :

> Si vous le trouvez bon,
> Je ne me séparerai plus de vous,
> Car j'ai plus grand honneur
> Seulement en votre poursuite
> Que je ne ferais. . . . . .
>
> . . . . ¹.

¹ M. Marmier cite le texte de cette chanson d'après Warton (*History of english poetry*), corrigé par M. Guessard.

> Domna, vostra beutas,
> Ellas bellas faissos,
> Eh bels oils amorosos
> Els gens cor ben taillatz,
> Don sieu empresonnatz
> De vostra amor que me liatz.
>
> Si bel trop affar sia,
> Ja de vos non partrai,
> Que maior honor ai
> Sol en vostre doman
> Que faria. . . . . .
>
> . . . .

Blondel servit de messager à son maître, et, moyennant une rançon de cent cinquante mille marcs, le duc laissa partir son prisonnier.

Nos drapeaux ont vu deux fois Durrenstein. La première rencontre fut assez bouffonne. En 1741, dans la guerre de la succession d'Autriche, un détachement français se présenta sur des barques au pied de la forteresse. Il croyait la surprendre. Il trouva des gueules de canon à toutes les embrasures, et sur les créneaux les plumets et les casques de plusieurs régiments bien armés. Il se retira sans risquer une attaque. Leur retraite dut être saluée d'un grand éclat de rire. Ces plumets coiffaient des paysans déguisés en soldats, et ces canons étaient des cylindres de bois peint. L'intrépide commandant autrichien avait imaginé cette ruse.

Nous eûmes notre revanche en 1805.

C'était après la capitulation d'Ulm. Nous marchions sur Vienne. L'armée russe, encore intacte, se retirait devant nous par la rive droite du fleuve. Le maréchal Mortier occupait la rive gauche. Par suite de mouvements précipités, il se trouva, avec une seule division, en avance d'une marche sur les troupes qui devaient l'appuyer. Les Russes en eurent connaissance.

Ils passent le fleuve au nombre de quarante mille, brûlent les ponts derrière eux, et rencontrent Mortier près de Durrenstein. Mortier n'avait que cinq mille hommes. Il ordonna l'attaque. Une lutte furieuse s'engagea sur une route encaissée.

Les régiments ne pouvaient se déployer; on se battait homme à homme, corps à corps, comme une armée antique. Après six heures de combat, nous restâmes maîtres du champ de bataille. Mortier était tranquille pour le lendemain. Deux divisions qui suivaient à une marche d'intervalle l'auraient rejoint, et grâce à elles il écraserait les Russes s'ils étaient assez hardis pour l'attendre. Mais dès le début de l'action les Russes, guidés par un excellent officier autrichien, le colonel Schmidt, avaient envoyé un corps de quinze mille hommes pour tourner les hauteurs de Durrenstein, tomber sur nos derrières, et nous séparer entièrement des deux divisions dont nous attendions l'arrivée.

« La nuit approchait, aucun espoir de secours; mais personne ne songea à capituler. Tous, depuis le maréchal jusqu'aux simples soldats, résolurent de mourir plutôt que de se rendre. On s'était avancé en combattant jusqu'à Stein.

On retourna en combattant jusqu'à Durrenstein,
au-devant de la division Dupont (celle qu'on
attendait). Mais les Russes étaient si nombreux,
qu'on désespérait de se rouvrir une route qui
se refermait sans cesse. Quelques officiers, ne
prévoyant plus de salut, proposèrent à Mortier
de s'embarquer seul, pour ne pas laisser tomber un maréchal au pouvoir des Russes. « Non,
« répondit-il, on ne se sépare pas d'aussi braves
« gens. On se sauve ou on périt avec eux. » Il
était là, l'épée à la main, combattant à la tête
de ses grenadiers, et livrant des assauts répétés
pour rentrer à Durrenstein, lorsque tout à coup
on entendit sur les derrières de Durrenstein un
feu violent. C'était la division Dupont qui arrivait en toute hâte, et qui sauva la division
Gazan.

« La perte était cruelle des deux côtés; mais
la gloire n'était pas égale, car cinq mille
Français avaient résisté à plus de trente mille
Russes, et avaient sauvé leur drapeau en se
faisant jour... [1] »

Krems et Stein, deux sœurs et deux voisines, sont les villes les plus importantes des

1 Thiers, *Histoire du Consulat et de l'Empire.*

bords du Danube, entre Lintz et Vienne. Une belle promenade va de l'une à l'autre : c'est de bon augure pour leurs relations réciproques. Quelle discorde peut exister entre deux voisines de campagne qu'un jardin sépare? Elles se parlent par-dessus la haie, et se saluent à travers les arbres. D'un amas de maisons qui ont bonne mine, au bord du fleuve, s'élèvent de gros clochers ventrus. C'est la forme de l'architecture autrichienne.

Un pont de bois, le premier depuis Lintz, réunit les deux rives. Grand branle-bas sur le bateau. Il s'agit d'abaisser la cheminée. L'équipage est prêt pour la manœuvre. Au coup de sifflet du capitaine, les cabestans tournent, les chaînes de fer se dévident, les câbles crient. Un vieux Turc, qui est sur le pont, crie plus fort qu'eux. Il s'est laissé prendre par un bout de cordage, et il est en bon train d'être pendu. On s'en aperçoit à temps, et on le repose sur ses jambes. Mais son turban est tombé dans l'eau, et descend à vue d'œil vers la mer Noire. Son maître le suit d'un œil mélancolique, et couvre d'un bonnet rouge sa tête rasée.

A peu de distance, une grande tour carrée se dresse devant nous comme un observatoire du

Danube. C'est l'antique château de Greifenstein.
Walter Scott eût tiré tout un roman de sa légende.

Rheinhart, sire de Greifenstein, était, au
xie siècle, possesseur de ce lieu. C'était un méchant homme, dur pour les siens, cruel pour
les étrangers. Sa jeune femme mourut en donnant le jour à une petite fille, qui fut nommée
Ételina. L'enfant grandit entre une vieille nourrice, le chapelain de Greifenstein et son père,
que la chasse et la guerre appelaient souvent
hors du château. Elle était d'une grande beauté,
et de nombreux prétendants aspiraient à sa
main. Le plus pauvre fut celui qu'elle aima :
c'était le chevalier Rudolph; mais l'orgueil de
Rheinhart refusa de ratifier son choix.

Cependant lui-même fut appelé au camp de
l'Empereur. Il confia sa fille au chapelain, et
partit. Peu de temps après, le bruit de sa
mort s'étant répandu, Ételina s'unit à l'époux
qu'elle aimait. La nouvelle de la mort de Rheinhart était fausse. Il avait été seulement blessé.
Il fit au bout de huit mois annoncer son retour,
et prévenir sa fille qu'il lui amenait un époux
digne d'elle et digne de lui. L'infortunée se jeta
dans les bras du chapelain qui avait élevé son

enfance, car elle redoutait comme la mort le retour de son père. Le prêtre la fit descendre, ainsi que Rudolph, dans un des souterrains du château. Ils devaient y attendre que le courroux de Rheinhart fût apaisé. On déposa avec eux un panier de pain, du vin et une cruche d'huile pour entretenir une lampe. Tous les trois jours leur provision devait être renouvelée.

Le comte arriva avec le prétendant qu'il destinait à sa fille. Il demanda à la voir. On lui répondit qu'elle était malade, et si faible, qu'il fallait la laisser reposer. Le lendemain, il courut lui-même à la chambre d'Ételina, et, ne la trouvant pas, il entra dans une violente colère. Le chapelain lui raconta ce qui s'était passé, et chercha vainement à l'adoucir. Le comte jura de tuer Rudolph; et comme le prêtre refusait de lui livrer le secret de sa retraite, il le fit descendre par une corde dans une prison souterraine du château, et sceller une pierre sur sa tête. Le vieillard ne recevait l'air et la lumière que par une étroite ouverture, et c'est par là aussi qu'on lui faisait passer sa nourriture. Chaque jour Rheinhart renouvelait ses instances avec d'horibles imprécations; mais il ne pouvait vaincre la constance de son prisonnier.

Une année se passa ainsi; le château était désert, et son sauvage possesseur errait dans les cours en proie à une sombre fureur. Un jour d'hiver, chassant sur les bords du Danube, il fut surpris par une neige épaisse au milieu de la forêt. Les chemins, couverts de neige, étaient devenus méconnaissables, et, croyant revenir au château, il s'égara dans le site le plus sauvage de la contrée. La nuit était arrivée. Il appela plusieurs fois à son aide, mais en vain. Il recommença à marcher à tâlons, et aperçut à travers les branches une faible lueur. Guidé par elle, il arriva auprès d'une caverne creusée dans le roc. Un grand feu brûlait sur le seuil. A l'éclat de la flamme, il aperçut deux êtres humains endormis sur des feuilles, couverts de peaux de bête, et entre eux un petit enfant, que sa mère tenait pressé contre son sein. Rheinhart les éveilla, et un grand cri s'échappa des lèvres de la jeune femme. C'était Ételina. Elle était parvenue à s'échapper du souterrain avec Rudolph, et tous deux avaient vécu dans cette affreuse solitude. Ils se nourrissaient de la chair des bêtes que Rudolph prenait à la chasse, et les peaux avaient remplacé leurs vêtements en lambeaux.

Rheinhart, ému de pitié, revint avec eux au château, et il courut délivrer le chapelain ; mais, en se penchant au bord du cachot descellé, le pied lui manqua, et il alla se briser le crâne contre une pierre. Ce caveau lui servit de sépulture. Son âme, ajoute la légende, y demeure enfermée, et sa captivité durera jusqu'à ce que la pierre qui le couvre soit usée de vétusté.

Notre navigation s'achève avec un peu de monotonie. Le Danube est retourné dans son lit plat et dans ses maigres rives. Nous rasons pourtant la belle montagne du Kahlenberg, promenade chérie des Viennois à cause de ses ombrages, et, vers la fin du jour, nous débarquons à Nussdorf. C'est là que les bateaux s'arrêtent. Des omnibus nous font franchir la distance assez notable qui nous sépare de Vienne.

CHAPITRE IV

Les deux villes. — Saint-Étienne. — Le Ring. — Le Prater.
— Canova. — Le Belvédère. — La musique.

Qui a vu Vienne il y a vingt ans, et Vienne
aujourd'hui, ne reconnaît plus les deux villes.
Il y a vingt ans, Vienne étouffait dans son en-
ceinte fortifiée. Des bastions, des fossés, des
glacis, des champs de manœuvre pour les
troupes, toute une zone militaire séparait la
cité des faubourgs. Aujourd'hui Vienne a jeté
bas ses remparts inutiles, qui n'ont pas su la
préserver de la catastrophe de Sadowa. Sur
l'immense espace ainsi conquis, l'architecture

et la spéculation se sont donné carrière. Autour du noyau central formé par l'antique, grave et solennelle cité des faubourgs, s'est ouverte une magnifique voie circulaire, nommée le *Ring* (l'anneau). Là des hôtels princiers, des théâtres, des parcs et des jardins somptueux sont sortis de terre comme par enchantement. Les faubourgs se sont rattachés à la métropole par une suite non interrompue de places, de squares, de boulevards. Vienne s'est accrue de moitié en population, en constructions, en magnificence. Elle a suivi l'exemple donné au continent par la ville de Paris, la grande initiatrice imitée déjà par Londres, Bruxelles, Pesth, Florence.

Vienne possède donc aujourd'hui deux villes en une; au centre même de la ruche active et populeuse, l'ancienne ville est, à peu de chose près, restée telle qu'elle était il y a vingt ans.

Voilà bien ces rues étroites, ces maisons hautes et entassées, ces résidences officielles de la cour, des ministres, ces comptoirs de la banque et du haut commerce, qui sont pour moi de vieilles connaissances.

La cathédrale de Saint-Étienne marque assez exactement le point central de la vieille cité.

Panorama de Vienne.

C'est une des plus belles églises gothiques de l'Europe. Sa flèche est à voir. Abattue il y a vingt ans par un violent orage, elle a été reconstruite aussi haute, aussi svelte que par le passé. Seule la teinte grise du sommet tranche avec la couleur sombre de la base, et permet de calculer l'âge récent de la restauration.

L'intérieur est solennel et imposant; mais les modernes l'ont cruellement mutilé. Les beaux piliers de la nef sont défigurés par des autels d'ordre grec, appliqués contre leur base. Les vieux vitraux du moyen âge ont été remplacés par des vitres blanches. Il en reste trois qui éclairent l'abside, et composent un fond d'une grande magnificence. On a trouvé moyen d'en gâter l'effet, en construisant un immense maître-autel derrière lequel ils disparaissent. Les murailles et les voûtes ont jusqu'ici échappé au badigeon, et leur belle teinte brune concourt à l'harmonie générale. Les piliers portent de vieilles statues admirablement drapées dans leurs robes de pierre. Les siècles y ont déposé leur poussière; rien n'est plus vénérable. Les Grecs, qui peignaient leurs statues avec tant d'appareil, n'ont rien trouvé de comparable à cette teinte d'or bruni. Par malheur, des mains

barbares ont commencé à gratter celles-ci.
Dieu sait ce qu'il adviendra de leur beauté,
quand on les aura mises à neuf!

Le pavé de l'église est jonché de tombes et d'inscriptions profondément gravées dans la pierre.
Il y a des figures et des dessins sur lesquels
l'œil s'attache avec respect, et qu'on gémit de
fouler aux pieds. Quelques-unes sont presque
entièrement effacées. Une des ailes renferme le
tombeau de l'empereur Frédéric IV. Deux à
trois cents figures sculptées sont groupées assez
confusément alentour. Sur le sceptre de l'Empereur on lit les cinq lettres, initiales mystérieuses de la célèbre devise :

A, E, I, O, U.

Austriæ Est Imperare Orbi Universo.

En allemand :

Alles Erdreich Ist Œsterreich Unterthan.

C'est-à-dire : « A l'Autriche appartient l'empire du monde [1]. »

[1] M. Kohl propose une interprétation nouvelle :

Austriæ Ex Istro Omnium Ubertas.
« L'Autriche tire tout du Danube. »

La place Saint-Étienne est un des points les
plus animés de Vienne. Exiguë et resserrée de
toutes parts, le mouvement qui y règne tourne
facilement en confusion. C'est le quartier des
affaires. Les changeurs y tiennent leurs comptoirs, et l'on sait qu'à Vienne l'établissement
de changeur peut se dire d'utilité publique. La
question du change est, par toute l'Allemagne,
fort embarrassante ; nulle part comme à Vienne.
L'Autriche est, comme on sait, soumise au
régime du papier-monnaie. Ni or ni argent.
Il y a seulement des kreutzers en cuivre, qui
servent pour l'appoint, comme nos sous et nos
centimes. Toute somme, à partir d'un florin,
se solde en chiffons. On imagine facilement
ce que devient un carré de papier d'une si
faible valeur, après quelques jours de circula-
tion. Cela fait entre les doigts un horrible mélange. Les florins résistent plus longtemps. Ils
s'impriment par groupes de un, cinq, dix,
cinquante et cent florins. Une jolie vignette
en taille-douce les décore. Elle représente une
tête de femme auguste et souriante. Le sourire
veut dire : « Je suis papier, mais je vaux de
l'or ! » L'or et le papier français font une prime
considérable, assujettie d'ailleurs aux varia-

tions du commerce et de la politique; car le taux de l'escompte et le change se règlent à la bourse, comme nos effets publics. Le louis d'or français, qui vaut en argent d'empire neuf florins vingt kreutzers, est quelquefois monté à dix et onze florins. J'admirais pour ma part mon portefeuille gonflé de papier, comme celui d'un millionnaire; mais j'admirais encore plus la rapidité avec laquelle tous ces chiffons s'envolaient. Ajoutez que cette figure de femme, gravée sur le papier, a une telle façon de vous regarder, qu'on sent redoubler son regret de s'en séparer.

La place Saint-Étienne est le point de départ ou d'arrivée de tous les omnibus. Rien ne ressemblait moins, il y a vingt ans, à nos omnibus français que ceux de Vienne. C'étaient d'élégantes berlines richement tapissées à l'intérieur, et décorées à l'extérieur de panneaux armoriés et de lanternes dorées. Il faut qu'une décadence rapide les ait frappés, car des touristes, retour de Vienne, nous en font une tout autre description. Tandis que le cocher trône sur son siège confortable, son confrère le conducteur se tient à l'autre bout, perché sur une tige de fer large comme une pelle à feu. Il ne peut s'y

maintenir qu'au prix d'un tour d'équilibre con-
stant. Sans abri, il reçoit directement le soleil et la pluie. L'Allemand, d'ordinaire si bon
homme, l'a fort maltraité. Il y a, comme dans
les chemins de fer, un coupé pour les *non-fu-
meurs (für die Nichtraucher)*, faible minorité en
Allemagne. Le reste des voyageurs fume à son
aise. C'est d'ailleurs l'unique plaisir de la route,
car on s'ennuie fort dans ces jolies berlines.
La division des voitures, la brièveté du trajet
en sont la cause. Que de fois ai-je regretté nos
omnibus avec leurs dures banquettes et l'amu-
sante variété du voyage!

Vienne a des fiacres généralement plus con-
fortables que les nôtres, mais bien périlleux
pour l'étranger, car ils ne sont soumis à aucun tarif; c'est au piéton de débattre son prix.
Chaque course est précédée d'un marché qui
devient souvent une enchère; car il arrive que
les cochers voisins s'en mêlent, et se disputent
le voyageur. Mais malheur à celui qui se livre
par négligence ou naïveté à la bonne foi d'un
cocher! Celui-ci lui réserve, au bout de sa
course, une méchante surprise. Très honnêtes
gens quant au reste, et rapportant avec une
fidélité de caniche les objets oubliés.

Ces cochers ont une mémoire remarquable. Toutes les maisons de la ville sont numérotées, non par rues, comme en France, mais en une seule série. Telle maison porte le numéro mille deux cent quarante-quatre. Ayez trois ou quatre maisons de ce genre à visiter, vous jugez quel chaos de mots tudesques. L'étranger ne s'en tire pas. Ces têtes allemandes le supportent sans broncher.

Tout près de la place Saint-Étienne, une relique vénérée des Viennois attire l'attention. C'est un vieux tronc d'arbre, dernier débris, selon la légende, de la forêt qui s'élevait jadis à la place de Vienne. Ce fut longtemps l'usage, chez les apprentis de tous les métiers, avant de partir pour leur tour d'Allemagne, de planter un clou dans le tronc fatidique. L'arbre en est tellement couvert, que le bois a disparu sous une cuirasse de métal. Il serait impossible d'en placer aujourd'hui un seul. Cela s'appelle le *Stock in Eisen, la souche en fer*.

Saint-Étienne est à peu près la seule église de Vienne qui mérite une visite. Toutefois l'on va voir aussi l'église des Capucins, à cause de ses caveaux, et celle de la cour, pour son beau marbre de Canova.

Les caveaux de l'église des Capucins ren-
ferment les sépultures impériales depuis plusieurs siècles. Un moine, s'éclairant avec une
torche, me fit descendre dans une crypte hu-
mide, où régnaient l'odeur et le froid des tom-
beaux. Je distinguai plusieurs salles voûtées,
dans lesquelles étaient rangés de nombreux
sarcophages de bronze ou d'argent, avec des
ornements de marbre et d'or. La lueur incer-
taine de la torche ne permettait pas d'en dis-
tinguer nettement les formes; des génies, des
anges, des statues d'hommes, de femmes et
d'enfants sortaient à moitié de l'ombre, et s'y
replongeaient, comme des ébauches fantastiques. La voix de mon guide résonnait sous
les voûtes longtemps après qu'il avait parlé, et
un involontaire sentiment d'effroi pénétrait dans
le cœur. Le moine s'arrêta devant deux tombes
d'une forme très simple, quoique d'argent mas-
sif. Il souleva sa torche, et du doigt me montra
une inscription et des noms. C'était la tombe
de l'empereur François, et celle de Napoléon II : François, ce prince médiocre et lent,
mais qui finit par détrôner son vainqueur;
Napoléon II, ce jeune homme qui n'a pas vécu,

ce roi qui n'a pas régné. L'aïeul et le petit-fils dorment en paix l'un près de l'autre, comme si le premier n'avait pas fait perdre au second sa couronne.

L'empereur Joseph II est enseveli dans le même caveau. Il a de plus une statue sur une des places de Vienne. C'est assurément l'un des meilleurs princes qui aient gouverné l'Autriche. Tout ne fut pas grand en lui. Il eut une impatience d'agir qui corrompit ses meilleures entreprises. On eût dit qu'il pressentait la courte durée de son règne. L'amour du bien, qui fermentait dans son âme, le forçait d'enfermer en peu d'années beaucoup d'actions. Dès le début, cet amour éclate en résolutions dont quelques-unes étaient prématurées. Il ne sut pas attendre, grande science dans un homme d'État, et qui est le secret de plus d'une haute fortune. La fièvre qui dévora sa vie dévorait aussi son génie. Mais ses peuples n'étaient pas mûrs pour un tel prince, et il les devança. Il est beau de périr par un tel excès. De ses onze années de règne (empereur dès 1765, il ne gouverna qu'à la mort de sa mère), les cinq dernières furent employées à réparer les fautes des premières. Bien des résultats trompèrent ses espérances, quelquefois par sa faute, plus souvent par le malheur des temps et la médiocrité des hommes de sa nation. Il vit ses armées battues, la Hongrie et la Bohême frémissantes, ses intentions méconnues, son œuvre compromise. La fin de sa vie en fut mortellement attristée. C'est lui qui voulait qu'on mît ces mots sur sa tombe : « Ci-gît Joseph II, qui fut malheureux dans ses meilleures entreprises. » Son règne n'en est pas moins un des plus bienfaisants qu'ait connus l'Autriche. Elle lui doit d'utiles réformes, l'unité de législation, l'unité d'impôt et les germes de sa liberté civile et religieuse.

Il y avait dans ce prince un cœur d'homme, et c'est par où je le trouve plus admirable et plus grand. Sa piété filiale fut sans bornes. Il connut l'amitié, et mérita de l'inspirer. Il en avait en lui les tendresses, les effusions, la sincérité, la constance. Il est à propos de relire devant son tombeau les touchants adieux qu'il adressait de son lit de mort au maréchal Lascy, précepteur de son enfance, confident de son âge mûr, exécuteur parfois malheureux de ses desseins :

« Mon cher feld-maréchal Lascy,

« Ma main tremblante ne me permet pas de
« vous écrire moi-même, et m'oblige de me
« servir d'un étranger pour vous entretenir
« avant le moment qui doit nous séparer, et
« que je vois arriver à grands pas. Je serais
« bien triste si je quittais ce monde, mon cher
« ami, avant de vous témoigner tous les senti-
« ments de reconnaissance que je vous dois
« pour tous les services rendus en tant d'occa-
« sions, et si je n'avais le plaisir de les recon-
« naître à la face du monde entier. Oui, si j'ai
« valu quelque chose pendant ma vie, c'est à
« vous que je l'ai dû, à vous, qui m'avez élevé,
« qui m'avez éclairé, qui m'avez appris à con-
« naître les hommes; de même que mon ar-
« mée vous doit également sa force, sa discipline
« et sa renommée. La sûreté de vos conseils
« dans toutes les circonstances, votre dévoue-
« ment pour ma personne, qui ne s'est jamais
« démenti un moment, toutes ces qualités, mon
« cher feld-maréchal, font que je ne suis pas en
« état de vous témoigner comme je voudrais
« mes sentiments. Je vois vos larmes couler

« sur mon sort : les larmes d'un grand homme
« et d'un sage sont la plus belle apologie des
« souverains !

« Recevez donc, mon ami, mes derniers
« adieux et mes embrassements. La seule
« chose que je regrette, en quittant ce monde,
« est de me séparer d'un petit nombre d'amis
« parmi lesquels vous m'êtes le plus cher. Sou-
« venez-vous de moi, votre sincère ami,

« Joseph. »

Le temps a marché depuis 1791 ; l'heure de
la justice est venue pour Joseph II. Son nom
est devenu populaire dans les contrées qui jadis
le maudissaient. Une tradition veut qu'il ne soit
pas mort, et que, semblable à Barberousse, il
attende le moment de reparaître. Ce sujet a
inspiré à un poète allemand des vers d'une énergie admirable.

Des paysans sont attablés dans une pauvre
auberge de Bohême. L'un d'eux revient de
Vienne, et il leur raconte ce qu'il a vu. Il est
descendu dans le caveau impérial. « Un moine,
dit-il, m'a conduit sous terre. J'ai vu tous les
cercueils enchâssés dans l'argent et l'or, alignés

dans un ordre funèbre. Un seul manque de blason et d'airain émaillé. Sans pompe (ainsi l'a voulu le défunt) doit reposer ce noble cœur. Ah! comme je sentis se serrer ma poitrine, quand le moine ajouta : « Là dedans gît notre père à tous; l'empereur Joseph gît dans ce tombeau! » Ces mots font sourire les paysans d'un air de doute : « Bah! s'écrient-ils à l'unisson, c'est un mannequin qu'on a placé dans ce trou; tu en as été pour tes frais de douleur crédule : l'empereur Joseph n'est pas mort, l'empereur Joseph vit toujours. »

Le conteur insiste; il fait le calcul des jours : l'empereur aurait cent ans. Mais, au lieu de l'entendre, ses compagnons se fâchent et le chassent de leur table. Puis le calme renaît, et ils réfléchissent.

« Cinquante ans, murmure l'un d'eux, cinquante ans! c'est un long intervalle! » Puis un autre : « Et dire que c'est justement son cercueil qui est si simple et si dépourvu d'ornements. » Puis un troisième : « Ne sommes-nous pas asservis? ne sommes-nous pas toujours les esclaves corvéables de nos maîtres? Ton garçon n'est-il pas toujours étendu honteusement sous les verges de la caserne? Ta fille n'est-elle pas ignominieusement destinée aux plaisirs des nobles seigneurs futurs? Mangeons-nous autre chose que du pain noir? Ne sommes-nous pas orphelins et foulés aux pieds? Ah! l'empereur Joseph est mort! il est mort! » — Ils poussent tous ce cri avec des gémissements, et se découvrent la tête pour prier [1]. »

L'œuvre de Canova, dans l'église de la cour, est le tombeau d'une archiduchesse d'Autriche, sœur de Joseph II. C'est une composition originale, conçue sur un très beau plan.

Imaginez une pyramide en marbre blanc, haute de dix mètres. Au centre s'ouvre une porte, par où l'œil plonge dans un profond caveau. C'est le lieu de la sépulture. Sur les degrés qui y conduisent se développe une marche de personnages symboliques. La Vertu mène le deuil. Enveloppée de ses longs voiles, elle porte l'urne qui contient les cendres de la princesse. Derrière elle marche la Bienfaisance; elle soutient un vieillard accablé d'années, qui gravit pesamment les marches du tombeau; un enfant le suit, et vient porter à sa bienfaitrice le tri-

[1] Maurice Hartman, ap. N. Martin, *Poètes contemporains en Allemagne.*

but de ses larmes. De l'autre côté, un Génie,
les ailes repliées, appuyé sur un lion, pleure
la Grâce et la Beauté, moissonnées dans leur
fleur.

Cette composition est expressive et touchante.
Les figures, les attitudes sont d'une grande
harmonie; les lignes, d'une exquise pureté. Tout
est plein d'une affliction profonde et communicative. L'œil ne se détache pas facilement de
cette scène éloquemment rendue, et, chose rare
en sculpture, l'âme en est émue, peu s'en faut
jusqu'aux larmes. Je doute que Canova ait exécuté rien de plus pathétique; je doute même
que la sculpture puisse aller plus loin dans
l'expression de la douleur et du deuil. Cet art
paraît plutôt fait pour le grandiose et le solennel que pour le tendre et le touchant. Il est
merveilleux comme le marbre s'est amolli entre
les mains du statuaire, et quelle âme plaintive
il a su lui donner. Ce que nous avons de lui en
France, — j'en excepte son buste de Napoléon,
— ne donne pas l'idée d'une pareille élévation.

A ces beautés s'ajoutent quelques-uns de ses
défauts ordinaires. Les draperies paraissent tra-
vaillées avec trop de soin. Un Grec eût donné à
ces femmes en deuil plus de simplicité et d'aban-

don. Il eût composé avec moins de recherche les pièces de leur parure. Plus de sobriété eût convenu au sujet.

Le Génie qui pleure sur son lion devrait avoir des formes plus mâles et moins efféminées. Canova en a fait une sorte d'amour adolescent pleurant sa première défaite. Enfin un Grec se fût bien gardé de redoubler l'allégorie et de renchérir sur sa pensée, dans un médaillon en bas-relief qui surmonte l'entrée du caveau. Cela distrait la vue et rompt la belle unité du tout.

Quittons la vieille ville, Saint-Étienne, le Graber, la Freyung; enfilons la Kœrthner-Strass; cette rue conduit devant le grand opéra; nous voici sur le Ring. Il est quatre heures, c'est le moment où tout Viennois qui se respecte y fait son apparition. Ici tout contraste avec la vieille cité impériale et royale que nous venons de quitter. Le Ring est une large voie composée de deux amples chaussées pour les voitures, d'une allée pour les cavaliers et d'une autre pour les piétons. Cette seule disposition indique l'affluence qui s'y porte. A droite et à gauche une rangée de hautes et belles maisons de pierres de taille, surchargées de festons et d'astragales dans le goût moderne, correctes, bien alignées, dignes en tout de prendre leur place dans le concert d'architecture européenne, et de se réclamer du type cosmopolite qui les engendra, comme des filles bien élevées se réclament de leur mère.

L'opéra, qui est devant nous, est un édifice qui a de la masse et peu de grandeur. Trop d'angles, trop de lignes heurtées et confuses. On dirait que l'architecte, toujours mécontent de lui-même, a effacé, ajouté, retranché. Il est sorti de ces retouches un monument sans unité, sans harmonie. Mais n'en parlons qu'avec indulgence : l'architecte, M. Van der Nül, s'est tué de chagrin, dit-on, à la suite des critiques soulevées contre son œuvre. D'ailleurs, l'intérieur rachète en partie les défauts du dehors. Le vestibule et l'escalier sont convenablement réussis; la décoration de la salle, blanc et or, est élégante et sobre, et les dispositions sont si bien prises que deux ou trois mille spectateurs voient la scène tout à leur aise. Ce n'est pas un médiocre succès.

Aux environs de l'opéra se groupent les hôtels splendides du *high life* allemand, cortège obligé d'un théâtre de cette importance. Ce sont l'hôtel Impérial, l'hôtel de la Métropole et d'autres. Là se trouve l'éternel valet de chambre doré et galonné, polyglotte intrépide, qui fait songer à la tour de Babel. Là se trouve aussi le salon tendu de l'invariable damas rouge, et la salle à manger, étincelante d'or, et le restaurant français, et la salle de bains aux marbres bigarrés, et la salle des fêtes aux lustres et aux glaces innombrables, et toutes les splendeurs d'un luxe de convention, qui, de Vienne à Paris, et de Paris à Saint-Pétersbourg, se répète avec un invariable éclat et une désespérante monotonie.

A côté de ces splendides auberges, terribles pour la bourse du voyageur, et funestes pour son goût, se dressent des palais habités par des princes du sang royal, des archiducs, des nobles hongrois, tchèques, croates, des banquiers, des commerçants de haut parage, dont le nom est en honneur à la bourse et dont la signature vaut de l'or.

Un peu plus loin, quelques constructions bizarres appellent l'attention : un grand monument carré, couvert d'or, de statues, de figurines en terre cuite, représente ou devrait représenter le temple du Goût; c'est l'académie des Beaux-Arts.

Au delà, un grand espace vide entouré de

deux jardins bien plantés; c'est la place du Hof, l'esplanade qui précède la façade du château impérial. Ce palais est un mélange bizarre de constructions de tout âge et de tout style. C'est dans son genre une pièce curieuse, une image bizarre de la monarchie autrichienne, composée comme lui d'éléments rapportés, incohérents et disparates. A chaque porte, un détachement de soldats de la garde montent la faction : au centre le corps de garde et une musique militaire. Chaque jour, au coup de midi, cette musique exécute sous les fenêtres du souverain l'hymne national, l'hymne de Haydn; du reste on peut dire que hymne et musiciens sont de faction tout le jour; car à peine aperçoit-on dans une cour, sur un perron, l'uniforme de l'empereur ou le plumet d'un archiduc, qu'aussitôt un cliquetis d'armes résonne en même temps qu'éclatent les premières mesures de l'hymne cher aux Viennois. Et ce n'est pas au palais impérial seulement qu'on en use ainsi. A Vienne, partout où il y a un orchestre, des musiciens, des auditeurs, l'hymne est acclamé par un public qui l'écoute religieusement, et qui, aux dernières mesures, laisse éclater bruyamment son enthousiasme.

Après le Hof, vient le Volksgarten, jardin du peuple. Il est peu fréquenté le jour, malgré ses beaux-ombrages, si précieux contre les ardeurs de la canicule viennoise. Un petit temple grec s'y cache et sert d'abri à l'une des merveilles de la statuaire moderne; c'est le fameux groupe de Canova, Thésée, vainqueur du minotaure.

On ne l'expose pas aux yeux du public, comme nous exposons nos statues dans les jardins. Aussi le marbre a-t-il gardé tout son éclat. Il est jeune et intact comme s'il sortait de l'atelier du sculpteur.

Canova n'a rien fait de plus pur, de plus *grec* que cette statue. Vu de face, le corps du héros forme, en se déployant sur la droite, une ligne sculpturale de toute beauté; les muscles, surtout ceux de la poitrine, sont divisés par groupes, et sobrement traités, à la manière antique. La face est expressive. Le mouvement du genou qui presse le monstre et celui de la main qui lui serre la gorge sont superbes. C'est d'un vainqueur, presque d'un dieu. On sent râler le vaincu, et ses doigts crispés font pitié. Le bras qui brandit la massue et s'apprête à écraser le minotaure est emporté dans un mouvement plein de violence et de fureur. Peut-être

qu'un Grec eût adouci, tempéré cette expression. Dans cet idéal de sérénité et de grandeur
qu'ils poursuivaient uniquement, les Grecs n'ad-
mettaient guère les attitudes dont la force et
la durée sont difficiles à soutenir. Il semble
qu'ils donnaient à leurs statues une vie plus
douce et plus mesurée que nous. Ils les repré-
sentaient dans un état permanent de l'existence.
Les modernes ont un autre idéal. Comme nos
poètes tragiques du xviie siècle, ils choisissent
une crise dans l'âme de leur héros : leur art
consiste à la rendre dans toute son énergie. A
ce titre, le *Thésée* de Canova est un beau cin-
quième acte de tragédie. Il unit à la beauté des
formes la beauté d'un fier mouvement dramatique. Il satisfait la pensée, et il émeut l'âme
du spectateur : ce n'est pas un petit mérite.

Revenons sur le Ring, nous nous trouvons
en face de trois monuments, qui, en 1880,
n'étaient pas encore achevés. Ce sont l'hôtel de
ville, la chambre des députés, et le palais de
l'Université. On a choisi pour chacun d'eux un
type différent d'architecture ancienne ou étran-
gère. Art ogival pour l'un, renaissance pour
l'autre ; je ne me rappelle plus bien le carac-

tère du troisième : peut-être parce qu'il en est dénué. En voyant ces imitations, d'ailleurs assez réussies, du passé, on dirait que l'architecture moderne renonce à l'invention, s'avoue vaincue d'avance et ne voit d'autre ressource pour bien faire que de copier le passé.

L'église votive du Saint-Sauveur, très admirée ici, et qui mérite de l'être, paraît inspirée par la même pensée.

C'est une vaste chapelle, dans le style ogival flamboyant, que l'archiduc Maximilien eut l'idée de faire construire par souscription nationale, après une tentative d'assassinat contre l'empereur. L'ensemble est attrayant par la grâce et l'harmonie des lignes. Deux tours fines et élancées élèvent dans l'air leur flèche et leur dentelle de pierre. Une rosace richement sculptée éblouit l'œil de ses fleurs lumineuses : à l'intérieur, les voûtes sont enluminées et dorées. Ici, comme dans la Sainte-Chapelle de Paris, comme à Cologne, on se croirait transporté à cinq siècles en arrière. Mais à Paris et à Cologne, les cinq siècles sont réels; on le touche du doigt dans ces pierres et ces sculptures trouées par le temps. Dans le Saint-Sauveur de Vienne, tout ce luxe est neuf, il sent l'artifice et la convention.

Ici le Ring change visiblement d'aspect. Il nous fait entrer dans le monde des affaires. La bourse en est le temple. La bourse de Vienne est un monument spacieux, richement décoré et convenablement approprié à sa destination. Un huissier, costumé en suisse d'église, avec canne à pomme d'argent, hallebarde, chapeau à plumes, habit doré, mollets de soie, en garde sévèrement la porte. Une carte d'entrée est nécessaire. Parmi les types variés qui sont rassemblés sous la coupole, celui du juif attire l'attention. Les juifs de Vienne semblent former encore un peuple à part. Quelques-uns même, surtout ceux des provinces polonaises, ont gardé leur costume du moyen âge. Une longue lévite noire, un bonnet bien enfoncé sur la tête, leur donnent un air d'antiquité et de curiosité duquel eux-mêmes semblent peu se soucier.

Je n'ai pas encore parlé du Prater. C'est le bois de Boulogne des Viennois. Du Ring, on s'y rend en passant par Stadt Park, on longe un grand terrain vague, une immense caserne, on traverse un pont de fer, qui enjambe un canal, lequel relie Vienne au Danube. Au delà de ce

canal commence Prater-Strass, qui pénètre bientôt dans cette promenade si fréquentée et si
vantée. Comme parc c'est médiocre : Mme de Staël
ne le reconnaîtrait guère dans le tableau sédui-
sant qu'elle en a tracé. « Une nature, écrit-elle,
tout à la fois agreste et soignée. Une forêt majestueuse qui se prolonge jusqu'aux bords du
Danube, de loin en loin des troupes de cerfs
traversant la prairie. »

Aujourd'hui l'entrée est encombrée de constructions de toute sorte. Une longue avenue se
présente, qui traverse le Prater dans toute son
étendue. Ce n'est guère qu'à la moitié de cette
avenue qu'on peut se croire dans un bois. Les
allées sont bien tracées, des points de vue étendus et variés ont été ménagés. Équipages et
piétons s'y portent en foule en toute saison, et
à toute heure de la journée. Mais c'est au printemps, vers cinq heures, que le Prater est le
plus animé. Toutes les classes de la population
s'y rencontrent. La tapissière du marchand, le
fiacre du bourgeois, les brillants équipages de
l'archiduc s'y croisent et s'y dépassent. Les cavaliers y sont nombreux. On y remarque bien
souvent en été une amazone élégante et hardie,
qu'accompagnent un ou deux écuyers : c'est sa

trèsgracieuse Majesté l'impératrice, dont on connaît le goût passionné pour les courses équestres.

Ce que le Prater offre de plus original, ce sont les innombrables cafés et brasseries qui s'y sont construits depuis l'année de l'exposition viennoise (1873). Il y en a dans tous les goûts, dans tous les styles : là un châlet suisse, ici une maison romaine, ailleurs une simple grange. Vienne tout entière vient boire et manger sous les ombrages, et, certains jours d'été, le Prater n'est plus qu'une vaste guinguette où la bière blonde et mousseuse coule littéralement à flots.

La musique vient à propos distraire de cette ripaille. Elle est partout dans le Prater. Pas une brasserie qui n'ait son orchestre, pas un orchestre qui n'ait son auditoire. Les plus entourés, les plus applaudis sont les tziganes, mis à la mode depuis 1873. L'oreille a besoin de s'habituer à leur mélodie un peu sauvage, mais une fois le premier moment de surprise passé, on ne peut se rassasier de cette harmonie étrange, dont le charme mystérieux et pénétrant remplit si profondément le cœur.

Le Prater n'a pas le privilège exclusif de la musique et des concerts. Il y en a aussi au

Stadt Park, sous les auspices d'un descendant
de Strauss. Ces jours-là, le parc est brillam-
ment illuminé. Les glaces et les sorbets circulent, en concurrence avec la bière et le vin
de Hongrie. Les belles Viennoises se placent
autour des tables. Au langage près, et sans le
type qui est ici plus blond, avec moins de
finesse, on pourrait se croire en France, tant les
toilettes se ressemblent. « Nos modes, disait un
« voyageur du siècle dernier, règnent ici uni-
« versellement. On y envoie de Paris, fort ré-
« gulièrement, des poupées tout habillées, sur
« lesquelles les femmes modèlent leur habille-
« ment et leur coiffure. Les hommes mêmes
« reçoivent souvent des bulletins, qu'ils don-
« nent à méditer à leurs tailleurs et à leurs
« valets de chambre. Toutes les femmes sont
« peintes jusqu'aux yeux et aux oreilles,
« comme nos Françaises[1]. » Le voyageur qui a
écrit ces lignes n'y changerait pas grand'chose
aujourd'hui.

Les promeneurs affluent: bourgeois, étudiants
et militaires; ces derniers en plus grand nombre.
La musique commence. Elle est douce, harmo-
nieuse, ample, sans éclats violents. Les mor-

[1] Risbeck, *Voyage en Allemagne*, t. 1er, p. 220.

ceaux sont habilement variés, et choisis avec
impartialité dans le répertoire allemand, italien et quelquefois français. L'exécution est
parfaite. Cela n'empêche pas le public de cau-
ser, de rire, de discuter presque tout haut. Je
savais les Viennois passionnés pour la musique;
je les croyais plus recueillis. Cette dissipation
est un vice qu'ils se donnent. « Il y a dix ans,
me disait mon voisin, vous n'eussiez pas entendu un murmure. Encore une mode venue de
France! » Comme il s'animait en disant cela, des
chut nombreux le rappelèrent à l'ordre. Strauss
venait de se lever pour exécuter un solo. Toute
la famille des Strauss est chère aux Viennois,
dont elle fait depuis trente ans les délices.

Strauss, a dit spirituellement un voyageur,
est le roi de Vienne. Un jour d'émeute, il suffirait de l'envoyer aux révoltés. D'un coup de
son archet il pourrait, comme jadis Orphée,
calmer les passions. Celui-ci était un jeune
homme à la figure très fine, très nerveuse, plus
italienne qu'allemande. Il joua de la clarinette
avec une rare perfection. On l'écouta dans un
grand silence, où la sympathie et le respect
avaient part. Il fut plusieurs fois applaudi, et
méritait de l'être.

Vers neuf heures, chacun se mit à soûper.
C'est l'heure en Allemagne. La bière et le jam-
bon circulent. L'orchestre va toujours son train,
à demi couvert par le bruit des fourchettes.
Mais, en somme, c'est un plaisir princier de sou-
per aux sons d'une si bonne musique. Cela termine la soirée.

Le peuple a ses concerts comme les riches et
les oisifs. Chaque soir les brasseries, les jardins,
les guinguettes, se changent en salles d'orchestre. Les ouvriers s'y entassent. La danse complète la fête. Il y a longtemps que Mme de Staël
a signalé cet amour des Viennois pour la danse.
« Les jours de fête, vous verrez des hommes et
des femmes exécuter gravement, l'un vis-à-vis
de l'autre, les pas d'un menuet, dont ils se sont
imposé l'amusement; la foule sépare souvent le
couple dansant, et cependant il continue, comme
s'il dansait pour l'acquit de sa conscience; chacun des deux va tout seul, à droite et à gauche,
en avant et en arrière, sans s'embarrasser de
l'autre, qui figure aussi scrupuleusement de son
côté : de temps en temps seulement ils poussent
un petit cri de joie, et rentrent tout de suite
après dans le sérieux de leur plaisir. » Cette

1 Mme de Staël, *De l'Allemagne.*

gravité naturelle au peuple allemand est animée aujourd'hui par la valse, qui a remplacé le menuet. Les couples dansants tournent entre les tables, dans l'épaisse fumée qui obscurcit la salle. Ils font trois ou quatre tours, reviennent s'asseoir devant l'assiette et le verre servis devant eux, puis repartent en dansant, et atteignent ainsi l'heure du couvre-feu.

Celle-ci ne se fait pas attendre. L'Allemand aime les longs sommeils. Il prend son plaisir de bonne heure, pour ne rien sacrifier de son bien-être. L'heure qui donne à Paris le signal des fêtes donne ici le signal du repos. Concerts, bals, spectacles, commencent à sept heures, et se terminent à dix. Une demi-heure après, tout le monde est couché. En rentrant au logis, vous trouvez les lumières éteintes, les boutiques fermées, la ville endormie. Vous cherchez en vain un café ou un restaurant ouvert. Surtout, malheur à l'étranger qui s'égare à la poursuite de son domicile! Il marchera pendant une heure avant de trouver une bonne âme qui le remette dans son chemin; à moins qu'il ne rencontre un soldat ivre, lequel lui répond en polonais ou en hongrois, ou bien l'envoie sans malice tourner le dos à son quartier.

Vienne possède une galerie de peinture célèbre. C'est le Belvédère, grand palais situé sur
une colline à l'extrémité d'un faubourg. Ce palais est entouré de jardins dans le goût français, sur lequel toutes les constructions prin-
cières au xviiie siècle se sont réglées. Ses gazons,
ses puits d'eau croupissante, ses cascades taries
lui donnent un air de tristesse et d'abandon.

Le Belvédère est loin de reproduire les con-
ditions heureuses qui font de la Pinacothèque
de Munich un modèle du genre. Certaines salles
sont trop sombres, d'autres trop lumineuses :
beaucoup de tableaux sont placés hors de leur
jour. L'ordre en est arbitraire. Toutefois on
trouve réunis les italiens, les allemands, les
flamands. Mais à cela se borne la classification.
Les écoles sont confondues dans la même natio-
nalité.

Titien, Tintoret et Véronèse comptent ici de
belles toiles, pas une cependant qui transporte
et qui enlève. Titien à lui seul en a trente-cinq.
Il y a dans le nombre un *Ecce homo* très curieux : les personnages sont presque tous historiques. On a voulu reconnaître, dans Ponce
Pilate, le fameux Arétin. Le peuple est formé
de dames et de seigneurs dans le costume du

xvie siècle; des hérauts d'armes portent sur leur écusson l'aigle à deux têtes. Titien, nouvellement créé chevalier de l'Empire, fit ce tableau pour Charles-Quint, en guise de remerciement. Il y mit cette signature :

TITIANUS, EQUES CÆSARIANUS, 1543.

De l'école florentine, j'ai gardé la mémoire d'une toile de Fra Bartolomeo, plus souvent nommé *il Frate*. Bartolomeo, ami et partisan de Savonarole, après la mort tragique de son maître, entra dans un cloître. Le tableau qui est au Belvédère est du temps de ses premiers vœux. C'est une *Présentation au temple*, traitée avec grandeur et simplicité. On lit cette touchante inscription :

Orate pro pictore olim, sacelli hujus novitio.

« Jadis peintre, aujourd'hui novice dans ce couvent, priez pour moi. »

Deux madones du Pérugin représentent bien le génie de ce maître. Son pinceau fut tendre et naïf, mais il ne put se dégager entièrement de la tradition du moyen âge. Cette gloire était réservée à son disciple, au divin Sanzio. Sur quatre toiles attribuées à Raphaël dans la collection du Belvédère, une seule passe pour authentique. C'est une madone de petite dimension, dans le goût de *la Belle Jardinière* du Louvre. La Vierge est assise dans une prairie, d'où le nom du tableau : *Madonna del verde*. Il est de la jeunesse de Raphaël, qui le fit à vingt-trois ans, comme l'indique le chiffre MDVI, inscrit sur le bord d'une draperie.

Nommerai-je le Guide, les Carrache, Corrège, et leurs nombreux tableaux. *Ecce homo*, Madeleines repentantes, scènes religieuses, scènes mythologiques, tous les sujets familiers à leurs pinceaux, et empreints de cette grâce un peu molle, mais toujours séduisante, qui fut le propre des Bolonais ?

L'école allemande est réléguée au second étage; disposition malheureuse: comment goûter sainement Wohlgemuth et Albert Dürer, après Raphaël et Guido Reni ?

Michel Wohlgemuth, ce Pérugin d'un autre Raphaël, n'a qu'une toile, mais capitale. C'est un tableau d'autel « dont le panneau central est recouvert de volets doubles peints sur les deux faces, ce qui forme une vaste composition de neuf tableaux. Les sujets sont multiples aussi. Après un saint Jérôme qui trône en habit de cardinal, on voit les autres Pères de l'Église, saint Augustin, saint Ambroise, saint Grégoire; puis les apôtres saint André, saint Thomas, saint Barthélemi; puis l'empereur saint Henri avec sainte Élisabeth, reine de Hongrie; puis sainte Élisabeth, reine du Portugal, avec saint Martin; puis saint Joseph, saint Kilian, sainte Ursule, sainte Catherine; puis les personnages et les instruments de la Passion[1]. » Cette énumération suffit pour donner l'idée de la bizarrerie de la composition. Ce qu'elle a d'admirable, c'est la finesse de la touche, l'excellence du coloris, la douceur des traits, la ferveur religieuse des expressions.

Plusieurs toiles d'Albert Dürer sont dans la même salle. Il y a d'abord l'une de ses plus belles madones. Certes, il dut la faire à son retour d'Italie. Il avait encore dans l'œil un rayon du beau ciel de Florence, et dans l'âme un souvenir de ce qu'il avait vu au delà des Alpes. Elle justifie l'enthousiasme d'Hoffmann, plus

---

[1] Viardot, *Musées de l'Allemagne*, p. 177.

qu'aucune autre du même peintre. A côté est la légende des dix mille soldats chrétiens martyrisés par Sapor, roi de Perse. Le nombre des personnages est inouï. L'œil se fatigue à les compter comme dans une foule vivante. C'est un tour de force. D'ailleurs nul ensemble; ce sont vingt tableaux enfermés dans le même cadre. Mais quelle saisissante expression! quel éclat! quelle vigueur! Il semble que l'imagination d'Albert Dürer se soit exercée à représenter toutes les formes de tortures; nulle part on ne sent la fatigue ou l'épuisement. Le peintre s'est représenté vêtu de deuil, au milieu des groupes. Il est appuyé sur le bras d'un ami, et tient une banderolle où sont ces mots : *Iste faciebat anno Domini* 1508 *Albertus Durer, Alemanus.*

Bien au-dessus de cette toile étrange, il faut placer la *Trinité glorieuse,* du même peintre. Pour l'éclat, pour la magnificence, pour la grandeur, c'est une œuvre souveraine. On dirait le rêve d'une âme pieuse, de qui l'art s'est élevé au niveau de sa croyance. L'œil se porte d'abord sur les cieux entr'ouverts. Une lumière éblouissante les inonde. Dieu le Père, « vêtu de gloire comme d'un manteau, » selon les termes du

Psalmiste, porte dans ses bras le Christ cruci-
fié, et le présente à l'adoration du monde. Sur
sa tête l'Esprit-Saint, sous les traits de la co-
lombe, se balance dans un nimbe d'or. Des
deux côtés à la fois, un pieux cortège s'avance
pour adorer le Christ et baiser ses plaies san-
glantes. Ce sont les saints et les saintes cou-
ronnés des palmes du martyre, phalange in-
nombrable et légère, dont les derniers rangs
s'évanouissent dans l'azur des cieux. Au-dessous
un essaim de personnages, rois, pontifes, nobles
et bourgeois, s'envolent vers le Christ. Ils flottent sur les nuages dorés, avec leurs grands
vêtements étendus comme des ailes; et comme
Dante, qu'élevait vers le ciel l'attraction des
yeux de Béatrix, ainsi des regards du Christ et
de son Père semble tomber sur eux la force qui
les élève.

Bien loin de cette scène, dans le bas du tableau, s'étendent la terre et la mer, près de
s'endormir dans le calme du soir, illuminées
par le soleil couchant, dont le globe disparaît
lentement derrière les cimes bleues des montagnes.

Comme dans le tableau précédent, le peintre
s'est représenté assistant à sa propre concep-

tion, non plus en deuil, mais revêtu de vêtements magnifiques, avec ses longs cheveux,
qui s'échappent en boucles sur ses épaules. Près
de lui, un écusson porte ces mots : *Albertus
Durer Noricus faciebat anno a Virginis par-
tu* 1511.

Rembrandt n'a que des portraits au Belvédère. Il y a le sien et celui de sa mère. Ce portrait de Rembrandt et celui qui est à Dresde
démentent, à mon avis, ses biographies. Cette
belle figure, un peu épaisse, comme toute
figure hollandaise, mais franche et hardie, ne
laisse pas soupçonner les vices de cœur dont la
légende s'est plu à l'affubler. Qu'en penser?
J'aimerais à croire qu'il nous manque une bonne
biographie du peintre, et que les anecdotes qui
courent sur son compte sont imaginaires.

Sa mère me plaît davantage encore. Sa figure
est ridée par l'âge; mais chaque ride étincelle.
Le regard est d'une vivacité juvénile. En elle
tout vit, tout se meut, tout pétille. Le cadre la
contient à peine. Courez au bout de la salle,
l'alerte petite vieille y sera avant vous.

Une riche bourgeoise de Flandre ou de Hol-
lande est à côté. Celle-ci est dans la fleur de la
jeunesse et de la santé. Sa beauté est un peu

robuste ; mais quelle perfection dans la peinture ! Le visage, tout en lumière, se détache sur un fond noir. Il est encadré dans une large fraise blanche dont l'éclat, chose merveilleuse, ne fait aucun tort à celui du visage. Les contours du front, des joues, de la bouche, sont d'une exquise finesse : le sourire se devine plus qu'il ne s'observe. Je me rappelais certains portraits de Holbein. Celui de Rembrandt a la même touche légère ; il a bien plus de puissance. C'est une rare alliance de la douceur et de la force ; et quelle admirable lumière, que celle qui répand sur ces lignes son prestige et sa magie !

Une vingtaine de toiles sont la part de Van Dyck, dans la galerie. Elles n'agrandissent pas l'idée qu'on se fait du peintre, quand on a vu les musées de Munich ou de Dresde ; il suffit qu'elles la confirment. Ses vierges, ses christs, ses saintes femmes, ont la même expression de douleur, de pureté, de résignation. Ses portraits ont la même dignité. C'est partout cet idéal si élevé et si pur que nous avons tant admiré. Qui s'en lasserait ? Les mêmes sentiments, exprimés sous des formes peu différentes, sont avidement reçus par l'âme, quand ils satisfont cette soif de beauté qui est en elle.

Rubens règne au Belvédère de Vienne comme à la Pinacothèque de Munich. Son œuvre capitale y est : l'*Apparition de la Vierge à saint Ildefonse*. La mère de Dieu apporte au saint prêtre, devenu archevêque de Tolède, les ornements sacerdotaux. La composition est admirable. Dans un des deux panneaux attachés au tableau central (car c'est un triptyque), un vieil Espagnol est représenté dans l'attitude de l'adoration et de la prière. On sent son âme abîmée devant Dieu. Sans parler de la lumière et du coloris qui étincellent, cette scène est rendue avec une onction, une éloquence, qui lui permettent de rivaliser avec les plus belles compositions religieuses de l'Italie.

Le même peintre nous offre, sans sortir de la galerie, des tableaux mythologiques qui ont la fraîcheur de ceux de l'Albane, avec une touche plus vigoureuse. Ce sont des nymphes endormies, des amours, une cour de Vénus, des faunes et des fleuves, merveilles d'élégance et de naturel, où le peintre de la galerie Médicis se reconnaît pourtant à un certain luxe de chairs.

En voyant ces toiles, aussi parfaites dans leur exécution que les toiles religieuses, en songeant

à d'autres exemples, je faisais cette réflexion
que la peinture, et peut-être aussi la musique,
souffrent dans le même homme une variété de
génie qui ne se conçoit pas dans la poésie. Qui
d'entre les poètes peut se flatter d'avoir em-
brassé tout son art, de façon à enfanter avec la
même perfection dans le drame, dans l'épo-
pée, dans l'ode? Poète lyrique, il échouera au
théâtre; poète épique, l'ode se dérobera à son
génie. L'un excelle à m'attendrir, celui-là à
m'élever, cet autre à m'égayer. Nul n'a excellé
dans les trois genres. Les peintres au contraire.
Voyez Rubens, voyez les Italiens. Est-ce que
le poète sera jugé par là inférieur au peintre?
Nullement; mais le premier dans son œuvre
met davantage de son âme. Le second emprunte
davantage au monde extérieur. Tous deux
prennent la nature pour fond de leur travail;
mais l'imitation du peintre est directe : tout ce
qui est forme, ligne et couleur, lui appartient;
il lui suffit de voir pour reproduire. La vie dont
il anime le front d'une madone, il lui est aussi
facile d'en animer la face avinée d'un Silène,
ou même des objets inertes, comme une campagne, une forêt, des eaux vives. C'est le même
art. Chez le poète, l'œuvre de transformation

est plus personnelle, plus lente. Il peint beaucoup moins des formes que des sentiments;
c'est par ses impressions qu'il nous fait connaître la nature. Ce que je vois d'abord, dans
toute création de lui, c'est lui-même. L'homme
et l'œuvre ne font qu'un, on ne peut les séparer. Il n'y a pas ici, comme dans la peinture, un
côté uniquement matériel exécuté par la main,
et qui s'adresse aux sens. Tout relève de la pensée, tout est inspiré par elle. De là cette unité
si visible dans le talent du poète. Elle existe en
réalité chez le peintre; mais il faut la chercher
et la découvrir. On retrouvera bien dans la *Ker-
messe* de Rubens des traits qui font sentir la
main qui peignit la galerie Médicis; mais on ne
niera pas que l'inspiration de chaque œuvre ne
soit ce qu'il y a de plus dissemblable.

Le Belvédère, et quelques autres galeries publiques ou privées, telles que celle du prince
Esterhazy et la collection Ambras, viennent
fort à propos faire oublier ce qui manque à
Vienne du côté des arts et du goût. Les places
publiques, qui ne sont ni fréquentes ni spa-
cieuses, sont ornées d'un nombre raisonnable
de statues et de fontaines, quelques-unes mo-
numentales, presque toutes au-dessous du mé-

diocre. On se demande quelle mauvaise influence
a condamné les arts à cette stérilité. Que nous
sommes loin d'Ulm, de Munich, de Nurem-
berg! Est-ce le même peuple qui, à si peu de
distance, sur les rives du même fleuve, témoigne d'un génie si différent?

Les Allemands du Nord triomphent de cette
dissemblance; ceux de Vienne ne s'en soucient
guère. En rien la poursuite de l'idéal ne les
tourmente. Ils ne se fatiguent pas à concevoir le
beau ni à l'atteindre. Privés pendant de longs
siècles de la vie politique, ils devaient, ce
semble, se jeter avec plus de passion dans ces
nobles luttes de la poésie et des arts; si elles ne
valent pas celles de la liberté, elles peuvent au
moins en faire oublier l'absence. Le contraire
s'est produit. L'esprit de ce peuple s'est en-
gourdi pour les grandes choses. Il s'est endormi dans l'aisance de la vie matérielle. La
fécondité du sol, la facilité de l'existence, le
calcul intéressé de ses maîtres, tout a favorisé
ce sommeil.

A défaut d'architecture et de sculpture, y
a-t-il une poésie nationale? Non. Assurément
l'Autriche compte des poètes, et de grands
poètes. La poésie est comme ces fleurs qui

semblent tirer d'elles-mêmes leur subsistance.
Elle croît sur les landes les plus arides. Si appesantie que soit une nation, il naîtra toujours
dans son sein des âmes qui s'en échapperont,
et dont rien n'étouffera l'essor. Mais quel écho
trouveront leurs chants? De quel prix seront-
ils payés. Voyez sur les bords du Rhin, voyez
en France! Le grand poète est salué de toute la
nation. L'admiration lui décerne une couronne;
il règne véritablement sur ceux qu'il enchante.
Chateaubriand, Lamartine, Hugo, quels applaudissements leur ont manqué? quels honneurs? En ne leur mesurant pas la gloire, la
nation s'est montrée digne de les avoir.

A Vienne, la défiance des gouvernements et
l'indifférence du peuple ont longtemps glacé la
poésie. Ajoutons que la matière a fait défaut. Un
peuple qui n'est pas libre, mais que la reconnaissance, l'admiration, l'amour, attachent à
son prince, peut avoir une admirable poésie;
c'est ce que la France a vu sous le règne de
Louis XIV. Dans ce siècle, l'un des plus beaux
de notre histoire littéraire, l'éclat de la monarchie, ses conquêtes et ses triomphes, la grandeur de nos luttes et de nos victoires, le prestige du nom français et ce je ne sais quoi

d'héroïque qui soufflait sur la royauté aussi bien que sur le peuple; tout échauffait les esprits, tout excitait et nourrissait en eux cette flamme sacrée de l'enthousiasme, sans laquelle il n'y a dans les arts ni fécondité ni vertu. Je cherche d'où serait venu à Vienne un pareil élan. Réservons le temps présent, les hommes actuels et les espérances qu'ils font naître. Que voyons-nous avant eux? Sur le trône, une succession de princes médiocres, dont le passage ne laissera dans l'histoire aucune trace durable; dans les conseils, des ministres attachés à une politique sans générosité, sans force, sans grandeur; dans les camps, une armée disciplinée, aguerrie, mais humiliée par des défaites, mal commandée, manquant tantôt de confiance en elle-même, tantôt de réserve dans la confiance. Quel tableau! et que nous sommes loin de la France de 1661!

Le genre de poésie qui manque le plus à l'Autriche, c'est le dramatique. Le théâtre est encore une tribune; c'est la dernière qui élève la voix, quand toutes les autres sont muettes. De là le peu de faveur qu'un genre réputé dangereux obtint auprès des maîtres. Au reste, c'est une singulière histoire que celle du théâtre à

Vienne. Qui croira que pendant toute la durée du xviie siècle, tandis que la France comptait un Corneille, un Racine, un Molière; l'Angleterre, un Shakespeare; l'Espagne, un Calderon, un Guilhem de Castro, un Lope de Vega, la capitale d'un empire de trente millions d'hommes ne possédait pas même une scène, et se trouvait réduite, ainsi qu'un peuple enfant, au spectacle des marionnettes! Ce sont des marionnettes qui ont fait connaître à l'Autriche *les Précieuses ridicules, le Malade imaginaire;* que dis-je? *Cinna, Polyeucte, Britannicus.* C'est en 1713 seulement que fut établi, à la porte de Carinthie, le premier théâtre de comédiens. L'histoire nous apprend qu'ils eurent longtemps à souffrir de la concurrence des marionnettes. Celles-ci avaient trois théâtres : sur le marché des Juifs, sur la place de la Freyung et au faubourg Léopold. Elles possédaient d'importants privilèges, et dans la lutte qu'elles engagèrent avec les comédiens la victoire fut quelque temps indécise. Qu'on se rappelle le grand Joseph Haydn écrivant des mélodies pour les marionnettes des jeunes princes Esterhazy. Qu'on se rappelle aussi Goethe, tirant d'une pièce de marionnettes le germe de son drame de *Faust.*

Aujourd'hui *Hans Wurst*, *Jean Boudin* (c'est le
nom du polichinelle allemand), est relégué sous
les arbres du Prater, et son dernier privilège,
celui qu'il ne perdra pas, est d'amuser les
petits garçons et les petites filles.

Du reste, l'absence de poètes dramatiques
n'empêche pas les Viennois de se livrer au goût
très vif, quoique tardif, qu'ils ont pour la co-
médie. Goethe et Schiller leur offrent un fonds
commun à toute l'Allemagne. C'est le patri-
moine de la nation. Les pièces de ces grands
hommes, retranchées dans ce qu'elles ont de
trop hardi, se jouent sur le théâtre de la cour,
qui est la première scène du royaume. J'y suis
allé une ou deux fois, et je n'en dirai pas
grand'chose. Les acteurs, comme dit Gil Blas,
ne jouaient pas assez bien ou assez mal pour
m'amuser.

Les théâtres de genre et les théâtres popu-
laires vivent uniquement de la desserte de
notre table. Nos dramaturges croient travailler
pour le public parisien ; c'est pour l'Allemagne.
Il n'y a si méchant vaudeville ni si pauvre
drame qui n'en fassent le tour. Mais je pense
qu'ils se donnent rendez-vous à Vienne, et y
séjournent. Que de pièces réputées mortes

Schœnbrunn.

parmi nous se relèvent et vivent de longs jours
dans la capitale autrichienne! Les cinq ou six
scènes du second ordre qu'elle possède sont
pleines de ces revenants. Quand l'auteur français s'appelle Scribe, ou Alexandre Dumas, on
conserve son nom et le titre de la pièce. S'il
est obscur, le traducteur change le titre, les
noms des personnages, et signe à sa place, ou
bien l'ouvrage demeure anonyme. Le public ne
s'en inquiète guère : il va au théâtre pour jouir
et non pour juger. Tout ce qui n'est pas tra-
duit du français s'appelle sur l'affiche *pièce
originale*. J'en ai vu suffisamment de ce genre
pour savoir à quoi m'en tenir sur la valeur du
mot. Telles qu'elles sont, le public s'en contente ; car il n'y en a pas de plus accommo-
dant. Que diraient nos Français dédaigneux et
blasés de certains spectacles qui font pâmer
d'aise ces excellents bourgeois de Vienne? Je
me souviens d'être allé voir une féerie-ballet à
l'ancien Opéra-Impérial. Cela s'appelait, je
crois, *Satanella*. C'était l'enfance de l'art. Nos
scènes de provinces, quand elles se mettent en
frais, déploient un plus grand appareil de sor-
tilèges et de diableries. Un changement à vue
se fit mal. Un palais qui devait s'abîmer dans

la terre s'obstina à ne pas quitter la place, et
un grand arbre, étourdiment sorti de la cou-
lisse, prit racine au milieu d'un salon. Il y eut
un moment d'attente. On entendit les cordages
grincer derrière les toiles ; et, comme rien ne
bougeait, quatre machinistes en souquenille
vinrent enlever l'arbuste récalcitrant, et ouvrir
au décor l'entrée des enfers. Tout cela se fit
dans le meilleur ordre. Il n'y eut pas un sifflet, pas un murmure.

J'aurais beaucoup à dire encore sur Vienne.
Les environs ne sont pas dénués d'intérêt.
Schœnbrunn avec ses beaux ombrages et ses
ingénieuses constructions, m'a laissé de bons
souvenirs. C'est le Saint-Cloud de l'empereur
d'Autriche. Mais le temps me presse, et je
retourne sur le Danube.

CHAPITRE V

Les bords du Danube au-dessous de Vienne ont peu d'intérêt ; mais les grands noms s'y pressent. Constantin y bâtit une église ; Marc-Aurèle y écrivit ses pensées ; Dioclétien y résolut son abdication ; Soliman vint y camper ; Léopold et Sobieski s'y rencontrèrent ; Lannes y mourut ; la fortune de Napoléon y subit un échec, bientôt réparé à Wagram. Presbourg est la première ville de Hongrie où je m'arrête.

Je me rappelle encore mon entrée à Presbourg, sur la fin de la journée, entre un Hongrois et un Tchèque, dont j'avais fait connaissance en route. Ils me firent les honneurs de la ville. Le premier surtout était d'une cordialité rare et d'une bonté expansive. C'était un professeur en vacances. Il enseignait la chimie dans une école de son pays. Il avait fait ses études scientifiques à Paris; de là pour la France une affection, une reconnaissance qu'il exprimait avec une vivacité singulière. Les noms de ses maîtres à la Sorbonne et au collège de France étaient restés gravés dans sa mémoire, ou plutôt dans son cœur. On n'imagine pas avec quelle chaleur et quelle effusion il m'en parlait. Il était fier de nommer pour ses maîtres ceux de la science moderne, les Biot, les Dumas, les Balard, et il en usait avec moi comme s'il eût voulu les honorer tous dans la personne d'un de leurs compatriotes. De tous les souvenirs de la patrie en pays étranger, celui-là m'a le plus touché. Il me rappelait des noms dont le dernier m'est bien cher. Il me montrait aussi l'empire de la France s'étendant au loin, non plus par la force des armes, mais par l'ascendant de la science et de la pensée. Ces milliers de jeunes gens qui viennent d'Europe et d'Amérique s'asseoir sur les bancs de nos écoles, ce sont, à leur insu, les soldats de notre cause, les instruments de nos conquêtes : conquêtes toutes morales et toutes pacifiques, dont la gloire est d'autant plus grande. Par elles l'esprit des temps modernes, dont la France est le foyer, se répand dans le monde, les vieux préjugés tombent, et avec eux tomberont ces barrières que la haine et la défiance élèvent entre les peuples [1].

Presbourg a perdu son principal attrait depuis qu'elle a cessé d'être le siège de la diète hongroise. Les Hongrois s'y trouvaient trop près de Vienne ; le voisinage de la cour semblait menacer leur indépendance. Ils ont obtenu de transporter dans la capitale du pays madgyar la représentation nationale.

La ville ne mérite pas une mention très longue. Le Danube fait toute sa beauté. Elle est dominée par une colline qui porte les débris d'un château : c'est le château de Marie-Thérèse. Il y a cent cinquante ans environ, il servait de caserne à des soldats italiens ; ceux-ci, ennuyés d'une garnison qui était un exil, s'avisèrent d'y mettre le feu. Le Danube refléta

1 Écrit en 1860.

pendant trois jours ce magnifique incendie. Les murs extérieurs et quatre tours sont restés debout. Quelques régiments habitent encore sous leurs voûtes noircies et calcinées, et des sentinelles font leur faction au-dessus des cheminées de la ville, en face d'une des plus belles vues du monde.

Le nom de Presbourg consacre un grand souvenir. Il rappelle un jour, jour également glorieux pour les deux peuples, où le cœur de l'Autriche et celui de la Hongrie battirent à l'unisson. Marie-Thérèse, à peine relevée de ses couches et dans le deuil de la mort de son père, attaquée à la fois par la Prusse, par l'Espagne, par la Bavière, par la France, près de perdre un à un tous ses États, chassée de Vienne, sa capitale, vint se jeter dans les bras des Hongrois. La diète était réunie à Presbourg. Elle y parut, pâle, en longs habits de deuil, portant son jeune fils dans ses bras (celui qui fut plus tard Joseph II). Elle adressa aux magnats une noble et touchante harangue. La pitié les saisit, puis l'enthousiasme. Ils se levèrent, tirèrent leurs sabres, et tout d'une voix firent retentir ce cri, entendu de l'Europe et immortalisé par l'histoire :

Moriamur pro rege nostro Maria Theresa!
(Mourons pour notre roi Marie-Thérèse!)

Montesquieu, lorsqu'il explique ce dévouement, nous paraît bien subtil. « C'est, dit-il, « que la noblesse tient à honneur d'obéir à un « roi, mais regarde comme la souveraine infamie de partager la puissance avec le « peuple. » Non, les Hongrois, ce jour-là, ne consultèrent d'autre loi que celle de leur cœur. Héroïque et chevaleresque, cette noblesse ne put entendre sans transport une héroïne invoquer son secours. Ce fut un mouvement admirable de spontanéité et, si je puis dire, d'irréflexion. Il n'y avait qu'une nation généreuse et poétique capable d'un pareil élan. Montesquieu, d'ailleurs, lui a rendu un digne hommage.

« On a vu, dit-il, la maison d'Autriche tra-
« vailler sans relâche à opprimer la noblesse
« hongroise; elle ignorait de quel prix elle lui
« serait quelque jour. Elle cherchait chez ces
« peuples de l'argent qui n'y était pas; elle
« ne voyait pas des hommes qui y étaient.
« Lorsque tant de princes se partageaient entre
« eux ses États, toutes les pièces de sa monar-
« chie, immobiles et sans action, tombaient,

« pour ainsi dire, les unes sur les autres. Il
« n'y avait de vie que dans cette noblesse, qui
« s'indigna, oublia tout pour combattre, et
« crut qu'il était de sa gloire de périr et de
« pardonner [1]. »

Je me suis embarqué, pour une navigation
de douze heures, sur le bateau qui descend de
Presbourg à Pesth. Le pont ressemblait, quand
j'y montai, à un camp retranché. Un peloton
d'infanterie se rendant à Komorn y était confusément entassé. Il y avait des postes, des piquets, des sentinelles, une consigne. C'était un
cliquetis d'armes, un bruit de voix et de crosses
de fusil posées à terre : l'aspect était peu récréatif. Ces fantassins étaient pour la plupart
de pauvres hères, pâles, flétris, mal tenus,
mal vêtus. Leur mine affamée faisait pitié, et
leurs uniformes, plus que mûrs, criaient misère. L'un d'eux, ivre plus que de raison, amusait toute la bande. On se le renvoyait comme
une balle, en se servant du pied comme de raquette. Il finit par aller rouler sous un banc,
où on le laissa ronfler.

Des officiers venaient de temps en temps in-

[1] Montesquieu, *Esprit des lois,* livre VIII, chap. IX.

specter leurs hommes. Leur mine était martiale; leur tenue soignée jusqu'à la coquetterie. Ils portaient avec une grâce pimpante leur jolie tunique blanche à boutons d'or. On ne les eût pas crus les chefs de ces fantassins délabrés. Avec cela un air rogue et impérieux. L'officier autrichien est un maître hautain, qui ne se déride pas. Le soldat, devant lui, paraît humble et craintif. Il lui fait le salut militaire, et n'en reçoit pas de retour : étiquette injurieuse! Que les choses vont différemment en France! Il en faut faire honneur à l'esprit de la nation, à notre goût de l'égalité, à notre humeur sociable et généreuse, à ce sentiment d'équité qui ne nous permet pas de traiter sans égards celui qui, sous les mêmes drapeaux, partage les mêmes périls.

Les rives du Danube restent longtemps plates et découvertes; leur seule beauté consiste dans leur tristesse et leur solitude. Sur le bord, de maigres forêts; à leurs pieds, des grèves que la sécheresse a mises à nu. Des troupeaux de bœufs les traversent lentement, et viennent se désaltérer dans le fleuve. Accroupis sur le sable et penchés, ils en boivent avidement les eaux. Ce sont ces grands bœufs blancs, à longues cornes, qu'un bouvier à cheval mène par bandes innombrables dans les pâturages du Danube. Des moulins à blé, soutenus sur des radeaux à l'ancre, font tourner au fil de l'eau leurs roues édentées. Peu de navigation; peu de vestiges humains. C'est un tableau étrangement triste. A mesure qu'il se fait plus grand et plus vieux, le fleuve se fait plus morne et plus solitaire. On dirait un roi chargé d'années qui plie sous le fardeau de sa puissance, et s'achemine vers le terme sans sourire et sans joie.

A Raab, notre première étape, nous recevons trois paysans. Trois paysans du Danube ! quelle bonne fortune ! Je n'en vis jamais qu'un : celui de la Fontaine.

> . . . . Voici
> Le personnage en raccourci :
> Son menton nourrissait une barbe touffue;
> Toute sa personne velue
> Représentait un ours, mais un ours mal léché :
> Sous un sourcil épais il avait l'œil caché,
> Le regard de travers, nez tortu, grosse lèvre,
> Portait sayon de poil de chèvre
> Et ceinture de joncs marins [1].

[1] La Fontaine, *Fables*, XI, 7.

Nos trois passagers ont un type un peu différent. Ils ont de grandes moustaches qui flottent au vent, mais rien de l'ours. Leur face est
pleine et colorée, leur physionomie ouverte ;
leurs yeux jettent un feu vif et doux. Leur costume est pittoresque, mais point barbare. Deux
ou trois peaux de mouton, cousues ensemble,
composent leur manteau. Le collet est fait de
la toison d'un petit agneau noir ; le poil de la
bête est tourné en dedans. Au dehors, sur le
cuir lisse et poli, sont dessinées des arabesques
de mille couleurs. Cela fait sur leurs épaules
une composition compliquée d'oiseaux bigarrés
et de fleurs fantastiques. Dans ce royal manteau, qu'aurait aimé un héros d'Homère, se
drape un gaillard de six pieds de haut. Des
bottes en cuir de bœuf lui montent jusqu'aux
genoux ; il a les talons cerclés de fer, comme
un cheval. On entrevoit sous son manteau une
ceinture de cuir large de six pouces et un gilet
dont les boutons d'étain ressemblent à des boulets de menu calibre. L'un de ces géants vint
s'asseoir assez près de moi. Il fit monter sur
ses genoux une petite fille de quatre à cinq
ans, d'une beauté sauvage et fière. Une peau
d'agneau la couvrait presque en entier. Deux

colombes roucoulaient dans une cage d'osier qu'elle tenait à la main, et bientôt les oiseaux et l'enfant s'endormirent, bercés sur les genoux paternels, par le léger roulis du bateau.

Komorn, sur la rive gauche, dessine les lignes grisâtres de ses bastions. C'est la porte de la Hongrie, le boulevard du Danube. Elle joua un grand rôle dans l'insurrection de 1849, et récemment encore un complot de garnison faillit l'enlever à l'Autriche. Le fleuve en baigne les murs. Sur ses bastions à angles droits, nous voyons en passant des canons allonger leur long cou. Les tambours s'exercent dans les fossés, et sur les glacis passent des escouades de soldats. Devant une poterne bardée de fer, une sentinelle promène mélancoliquement son fusil.

Au-dessous de Komorn, les rives s'escarpent. Le fleuve coule dans un lit étranglé par deux contreforts de montagnes. Ce sont, à droite, les ramifications des Alpes Styriennes; à gauche, celles des Krapacks. Leurs cimes sont de calcaire âpre et nu. Mais à leurs pieds des prairies adoucissent le tableau, et vont mouiller leurs verts tapis dans le fleuve.

La ville de Gran apparaît au pied de son ro-

15

Grand pont de Pesth et vue de Bude.

cher. Jadis capitale du saint roi Étienne, patron et législateur des Madgyars, Gran est encore la résidence de l'archevêque-primat du royaume. C'est la métropole religieuse de la Hongrie. La cathédrale, bâtie par les deux derniers prélats, est placée sur un roc élevé, d'où elle domine le fleuve et la contrée. Le style en est italien. C'est un grand dôme, assez lourd, soutenu par des colonnes. Le bâtiment est médiocre, mais le site est admirable. Sur la porte du temple on lit cette belle inscription :

QUÆ SURSUM SUNT QUÆRITE.

Cherchez les choses élevées.

Au-dessous de Gran, quelques ruines se montrent. Leurs blocs écroulés et enlacés par la végétation sèment le porphyre de la montagne. Un instant je crois revoir les tableaux grandioses de Durrenstein et de Greifenstein. Mais ils ne durent pas. Les collines s'éloignent. Le fleuve s'épand à pleins bords dans une immense plaine, et après trois ou quatre heures d'une monotone navigation, la nuit étant presque close, nous jetons l'ancre sous le grand pont de Pesth.

Pesth est une grande ville qui paraît née d'hier. Le Danube et la guerre ont deux ou trois fois renversé ses murailles. Elle s'est toujours relevée plus brillante. Son quai est somptueux; le Danube n'en voit pas de plus magnifiques. Il est bordé d'hôtels, qui sont de véritables palais. De nombreux bâtiments à voiles et à vapeur sont amarrés sur le bord. Il y a un grand mouvement d'hommes et de marchandises. On reconnaît tout de suite une cité commerçante. A l'intérieur, de larges rues, de grandes constructions, une opulence qui éclate dans les édifices publics et privés; un grand concours de monde. Ce dernier point m'enchante; car ce peuple, ce sont les Hongrois. Quelle vivacité dans leur allure! Que nous sommes loin de Vienne et de la lenteur allemande! Ici tout est agile et plein d'entrain; il y a quelque chose de la *furia francese*. Je me mêle à ces passants alertes. Depuis deux mois que je me promène au sein de populations indolentes et flegmatiques, j'ai plaisir à me jeter dans la cohue, à me faire heurter et coudoyer. J'aime à voir ces Hongrois turbulents courir, piétiner, gesticuler, crier. Ils ne font rien sans animation. Et avec cela, chose qui étonne, ils conservent un air de dignité ; bien différents de l'Italien, qui se dépense tout entier en bruit et en mouvement, et ne garde rien pour le décorum.

Ajoutez que ces gens-là portent le plus charmant costume. Un *attila,* sorte de redingote couverte de dessins brodés, fait valoir leur taille fine, leurs larges épaules, leur poitrine bombée. Une culotte, également brodée sur les coutures, serre leurs cuisses nerveuses. Elle s'engage à mi-jambe dans des bottes molles armées d'éperons. Un chapeau de feutre, à bords relevés, forme leur coiffure. Ils sont grands, sveltes, semblables pour le vêtement et pour la tenue à des cavaliers qui attendent le boute-selle. Leurs chevelures sont abondantes, leurs barbes touffues. C'est un signe de la race. J'ai vu des adolescents dont le visage tendre et blanc s'ombrageait déjà de moustaches imposantes. Leurs yeux pétillent d'ardeur et de vie. Assurément un sang jeune et bouillant circule dans ce peuple.

Les femmes ont aussi leur costume. Il faut les voir, les jours de fête, avec leurs corsages brodés d'or, leurs longues manches flottantes, leurs écharpes, et leurs magnifiques chevelures. Dans les campagnes, leurs jupes courtes découvrent une jambe chaussée de bottines rouges, dont le talon résonne sur les dalles. Leur air a quelque chose de viril et de décidé, quoique leurs traits soient remarquablement fins et délicats. Dans la terrible insurrection de 1849, plus d'une fit le coup de feu auprès de son mari. Toutes partagèrent d'âme et de pensée les périls de la patrie. Un jour, le fameux révolutionnaire Kossuth s'était transporté dans un village pour le soulever. C'était le temps de la moisson. Les hommes étaient tous partis pour les travaux des champs. Il rassemble les femmes et les harangue. Celles-ci, électrisées, courent à leurs logis, saisissent les armes qui s'y trouvent, et vont elles-mêmes les donner à leurs maris.

C'est justement jour de foire. La foule est grande au marché. Je retrouve ces paysans que j'ai déjà vus sur le bateau. Ils portent, sous leur peau de mouton bigarrée, le même costume que le citadin ; mais une toile grossière remplace le drap. Leurs grandes bottes ferrées creusent des ornières sur le sol, et leurs éperons font un cliquetis formidable ; car ils en ont tous : le laboureur pour conduire sa charrue, le berger pour mener ses moutons. J'ai vu de

pauvres diables, moitié mendiants, moitié bo-
hêmes, vêtus d'un attila en lambeaux, attacher
des éperons luisants aux talons de leurs bottes
éculées.

En revanche, les enfants vont à moitié nus,
et leurs pieds sont en contact intime avec la
poussière. Les petits mendiants de Murillo, j'ai
cru les voir courir autour de moi, dans la
grande rue du Marché. Leurs bras, leurs
jambes, leurs poitrines, fermes et colorés
comme du marbre brun, sortaient d'un lambeau de toile, qui forme leur unique vêtement.
Tout Madgyars qu'ils sont, ces petits drôles
sont d'effrontés quêteurs de kreutzers. Il n'est
services qu'ils n'imaginent pour gagner un
pourboire. Au besoin, ils vous proposeront de
porter votre canne. Ce qu'on leur donne, ils
s'empressent d'aller le jouer à la roulette, — à
la roulette en plein vent! La rue du Marché est
pleine de ces machines. Le croupier ambulant
(c'est d'ordinaire un Italien ou un Juif) pose
une planche sur trois piquets plantés en terre.
Un tapis vert, moitié taches et moitié trous,
est étendu par-dessus; un jeu de cartes et des
florins sont étalés sur la table : c'est l'amorce.
On accourt, on se groupe; on met ses enjeux,

la taille commence. Rien de plus étrange à voir : au premier rang, des enfants se haussant sur leurs pieds, et dont la tête atteint à peine le niveau de la table ; au-dessus d'eux des femmes, et en dernier lieu des paysans, qui, montés sur leurs grandes bottes, dominent tout le cercle. Tout cela joue avec fureur. L'enjeu est de quelques kreutzers ; dix florins de perte feraient sauter la banque. Ces pauvres diables suivent leur obole avec une anxiété fiévreuse. Chez les enfants surtout, la convoitise est extrême. Elle envahit tout leur être. J'ai quitté ces tréteaux, assez peu édifié sur la moralité de l'institution.

Bude (en allemand *Ofen*) est bâtie sur la rive opposée du Danube. Du quai de Pesth l'on aperçoit, dans un tableau imposant, les flancs rocheux du Blocksberg, les murs gris et ternes de la forteresse, ses longs bastions, dont la base disparaît dans le feuillage. Un pont de fil de fer réunit les deux villes. C'est un ouvrage magnifique de hardiesse et d'élégance. Son arche centrale semble un arc de triomphe. Les câbles de fer qui suspendent le tablier paraissent de loin comme de menus fils ; ils ont la grosseur d'un mât de vaisseau. Les bateaux

Le Danube à Bude.

passent par-dessous sans abaisser leurs mâts.
Cette construction a coûté 4,500,000 florins et
de longs travaux; car le Danube atteint ici une
largeur de cinq à six cents mètres, et la profondeur est en proportion. Sa solidité est à l'é-
preuve. En 1849, deux armées en déroute le
traversèrent précipitamment, et il supporta
sans fléchir le poids des chevaux, des canons
et des hommes.

Bude forme avec Pesth le plus violent contraste. On sort d'une multitude, pour entrer
dans un désert; après le tumulte d'une ville
ardente et jeune, c'est le silence d'une ville
morte. C'est que Bude est la ville allemande,
le séjour officiel des administrations, du gou-
vernement, de la force militaire. Les Hongrois
l'ont abandonnée pour aller se fixer sur la rive
opposée, loin des maîtres, près du champ où
se réunissaient en diètes leurs libres ancêtres.
Bude est donc morne à voir. Ses rues ressemblent aux longs couloirs d'un ministère; on y sent
une odeur de bureaucratie autrichienne. Chaque
hôtel est une division administrative : division
du génie, division de la forteresse, division de
l'artillerie. L'herbe croît sur les portes, et l'on
n'entend que le pas des sentinelles ou des esta-

fettes. En haut une grande place entourée de casernes et de parcs d'artillerie, où des boulets en pyramides forment une perspective peu attrayante.

A quelques pas s'élevait le palais de Mathias Corvin, remplacé par celui de Charles VI. C'est dans un pavillon de ce palais qu'était conservée la fameuse couronne de saint Étienne. La couronne de saint Étienne est le symbole de la royauté madgyare. C'est elle seule qui confère le pouvoir royal. Tant que le prince ne l'a pas posée sur son front, il règne irrégulièrement. C'était un antique joyau formé de deux couronnes : l'une donnée par le pape Sylvestre, en l'an 1000 de notre ère, au saint roi Étienne; l'autre, envoyée par un empereur byzantin. L'imagination des Hongrois en avait fait une sorte d'être mystérieux et sacré. Elle avait sa garde, composée de soixante-quatre hommes. Deux officiers veillaient constamment à sa conservation. Elle reposait, avec les pierreries héréditaires, dans une chambre murée et grillée : la lumière n'y pénétrait que par trois trous, où étaient apposés cinq sceaux différents; et elle-même reposait dans un coffre de fer, profondément scellé dans la pierre. Quatre dignitaires

possédaient seuls la clef de la porte : l'archevêque-primat de Hongrie, l'archiduc palatin,
et deux des plus nobles magnats, choisis pour
être les grands officiers de la couronne. A
chaque avènement de prince, on transportait
la couronne à Presbourg, en grande pompe. Sa
garde l'escortait, le sabre au poing. Deux officiers chevauchaient à la portière de la voiture.
On eût dit la marche d'une princesse. Ses for-
tunes ont été diverses. Au moyen âge, elle fut
plus d'une fois prise dans la guerre, et retenue
en otage. Elle voyagea en Servie, en Transylvanie, même en Bohême. Joseph II la fit venir
à Vienne ; mais l'irritation fut telle qu'il dut,
peu de jours avant sa mort, la rendre à la nation. Les Hongrois lui firent l'accueil qu'on fait
à un illustre prisonnier revenant de captivité.
L'antique diadème rentra dans le palais du
Blocksberg par des chemins semés de fleurs et
sous des arcs de triomphe.

Elle a disparu on ne sait comment dans l'insurrection de 1849. Son palais lui-même a été
écrasé sous les bombes. Bude et Pesth sont
sorties en ruines de cette guerre terrible. Tandis
que le général Gœrgey, maître des hauteurs
qui dominent le Blocksberg, faisait pleuvoir la

mitraille sur Bude, occupée par les Autrichiens, ceux-ci, par représailles, bombardaient
Pesth, où les Hongrois étaient maîtres. La garnison autrichienne paya chèrement cette rigueur. Le général Hentzi et ses soldats périrent
sous les ruines. L'Autriche leur a élevé un monument à Bude. C'est une manière maladroite
de perpétuer les haines et les dissensions. Il
n'y a pas un Hongrois qui ne regarde ce bronze
sans un retour amer sur le passé.

Je n'ai pas fait un long séjour à Bude. J'avais
hâte de revenir sur l'autre rive et de me replon-
ger dans ce flot de peuple, dont la rumeur traversait le fleuve. J'attendais l'arrivée de cet
ami hongrois qui m'avait introduit dans Presbourg, et qui devait se rendre à Pesth deux
jours après moi. Je le trouvai effectivement. Il
me conduisit au musée national et au Rakos.
Le musée est un grand palais, récemment construit par souscription nationale. Le mot *national* est ici magique. Avec lui on fait tout faire
aux Hongrois. Le théâtre, le musée appartien-
nent véritablement à la nation. Ce dernier contient une collection peu nombreuse, mais dis-
tinguée, de tableaux de maîtres de toutes les
écoles. Une collection plus précieuse est celle

des antiquités. Elle s'est formée en quelques mois, et au premier appel fait aux particuliers. Coupes ciselées, armes du moyen âge, joyaux, statuettes, il y en a là un nombre infini, presque toutes aussi rares par la matière que par l'art. La plupart sont des pièces historiques. Mon compagnon me montrait avec orgueil les armes de Mathias Corvin, le sabre de Pierre le Grand à Pultawa, la selle de Soliman, une branche d'arbre coupée par Nelson, après Aboukir; mille autres objets curieux. Les colliers, les bracelets, les anneaux, les bijoux de toutes formes remplissent des vitrines entières.

« Vos femmes, dis-je à mon guide, se sont donc dépouillées de leurs écrins?

— Non pas elles, me dit-il, mais nous-mêmes. Nos ancêtres aimaient les riches parures. Voici des brillants qui ont orné le cou de Mathias Corvin, et ces bagues énormes n'ont point été faites pour les doigts délicats d'une femme. »

Les Hongrois, en effet, ont gardé de leur origine asiatique ce goût singulier pour la parure. Au moyen âge, tout l'or et tout l'argent qu'ils retiraient du butin ennemi était employé à parer les selles, les brides de leurs chevaux, les manches de leurs poignards. Que de jeunes étudiants j'ai vus dans les rues de Pesth faisant étinceler leurs doigts chargés de bagues!

Nous sommes allés du musée au Rakos. Le Rakos est une grande plaine, moitié sable, moitié prairie, qui s'étend à une extrémité de la ville. C'est le lieu le plus cher aux Madgyars, et le plus riche en traditions antiques. Là se tinrent, pendant toute la durée du moyen âge, ces diètes fameuses dans l'histoire de la Hongrie. Étranges assemblées! des guerriers à cheval, sous le vaste ciel, y délibéraient des plus graves intérêts de la nation. Ils s'y rendaient dans le plus magnifique costume, parés de tous leurs joyaux. Ce n'étaient que manteaux flottants, fourrures, aigrettes, étoffes de velours broché d'or. Ils avaient leur épée au côté, leur arc et leur carquois sur l'épaule. Plus d'une fois, quand les passions s'échauffaient, la délibération devenait sanglante. Les sabres sortaient du fourreau, les lames brillaient. Une flèche partie d'une main impatiente était suivie de vingt flèches. C'était une immense confusion de chevaux qui hennissaient, s'emportaient, se cabraient, et de cavaliers qui applaudissaient ou protestaient par de sauvages clameurs. Il n'y avait pas d'autre scrutin. Là on nommait les rois, on votait la paix ou la guerre. La guerre surtout y était acclamée avec ardeur. Cette assemblée délibérante n'offrait-elle pas l'image de la nation entière prête à livrer bataille?

Aujourd'hui le Rakos est abandonné, et cet abandon dure depuis le jour où la Hongrie, vaincue par les Turcs, s'est donnée à l'Autriche. Les princes autrichiens eurent peur de ces assemblées tumultueuses, où des sujets votaient, les armes à la main, l'élection de leurs princes. La diète fut transportée à Presbourg. Mais le Rakos est resté cher au cœur des patriotes. Une croyance populaire, dont la trace se retrouve dans de vieilles chansons, veut qu'un jour cette plaine redevienne glorieuse. Le sang des Turcs, dit la légende, coulera sur le sable du Rakos, et ainsi sera effacé l'affront de Mohacz.

En 1849, les Hongrois, dans une bataille qui dura quatre jours, avaient reculé pied à pied devant les Autrichiens. Arrivés au champ du Rakos, un courage invincible s'empara d'eux. Ces soldats épuisés semblèrent avoir reçu des forces nouvelles. L'âme de leurs ancêtres était passée en eux sur ce sol sacré. Ils réalisaient la fable de ce géant fils de la Terre qui reprenait ses forces chaque fois qu'il touchait sa mère.

Les souvenirs du Rakos, son abandon, sa tristesse, ont été chantés par un poète mad-gyar. Ses vers s'appellent l'*air du Rakos*. Il n'y a pas de Hongrois qui ne l'entende avec émotion. Ce n'est pas une *Marseillaise*, c'est une élégie pleine de larmes, c'est le chant du passé. Un laboureur conduit sa charrue au bord de la plaine déserte, et voici les pensées qui l'assiègent :

« Ce que mon père racontait si tristement, qu'autrefois la vie était belle ici, mon cœur le sent. Je soupire en labourant la terre du Rakos.

« Où est Mathias le Juste? Tu l'as vu, heureux Rakos. Peut-être dans les vieux temps a-t-il couru à cheval là où maintenant je laboure !

« On dit qu'ici les vaillants se réunissaient et tenaient conseil. Quand la trompette sonnait la bataille, comme des aigles ils volaient pour combattre.

« Ils sont passés, et toi, Rakos, te voilà. Combien d'hommes vois-tu sur ton sol? Hélas !

j'y trouve à peine un Madgyar, et je continue de labourer avec douleur.

« De Pesth et de Bude bien des gens sortent qui ne comprennent pas notre langue. Ah! bientôt les paroles hongroises seront rares ainsi que le corbeau blanc!

« Un vent froid souffle d'en haut, qui, sur son aile bruyante, apporte les brouillards sombres. Peut-être que la poussière de cette belle plaine vient de la cendre des nobles cœurs.

« Brune fille du village, ne bois pas des flots du Rakos. Ses eaux coulent sur les ossements madgyars, et sont amères de larmes.

« Rakos! Rakos! qu'es-tu devenu? Tu es déchu de ta belle gloire! A cette vue mon cœur souffre, et je laboure en pleurant le sol de ma patrie [1]. »

Nous avons dit comment la diète avait quitté Presbourg. Les Madgyars ont encore obtenu qu'elle siégeât à Pesth, et non à Bude. Toutefois la séance d'ouverture se fait dans cette dernière ville. La diète, quand j'arrivai, était

---

[1] *Charles Kisfaludy*, ap. Aug. de Gérando.

dissoute depuis quelques jours; je visitai seulement la salle des séances, dans un pavillon du muséum. Elle était décorée de drapeaux aux armes hongroises. Un pupitre était encore tendu de noir. C'était celui de l'infortuné Ladislas Téléky, dont la mort tragique est restée environnée de mystère[1]. La dissolution de la diète avait jeté un grand ferment dans les esprits. Dans les cafés, une foule nombreuse se livrait aux plus ardentes discussions. Je ne les comprenais pas; car la langue allemande, qui règne presque uniquement à Bude, est proscrite par les Hongrois de Pesth. C'est une des formes les plus sensibles de leur opposition à l'Autriche. Ils y mettent une obstination singulière. Au théâtre, ayant interrogé en allemand un jeune étudiant hongrois, mon voisin, je n'en pus tirer aucune réponse, jusqu'au moment où je m'avisai de lui parler en français, ce qui nous mit tout de suite en bonne intelligence. J'assistais donc, sans les comprendre, à ces conversations politiques dans les jardins et les cafés. Mais la verve et l'animation de ces hommes m'enchantaient. Je sentais qu'une

---

[1] Écrit en 1862.

passion puissante et sincère faisait battre ces
cœurs, et je m'associais sans les entendre à
leurs vœux patriotiques, à leurs espérances.
C'est un grand spectacle que celui d'un peuple
qui combat par les armes du droit et de la justice pour sa liberté, et qui, par une conduite
ferme et modérée, témoigne qu'il est digne de
la posséder. J'y assistais en Hongrie.

Pesth m'a fait éprouver une impression
presque unique dans mon voyage. Au bout de
plusieurs jours, j'y trouvais un attrait de nou-
veauté aussi vif qu'au premier. L'œil se lasse
de tableaux, de statues, d'édifices, de lacs
et de montagnes. L'art et la nature ont leur
satiété. L'homme offre seul aux regards de
l'homme un spectacle inépuisable. Jamais, ni
à Vienne, ni à Munich, je n'avais senti le dé-
sir d'y demeurer. J'aurais voulu vivre plusieurs
mois à Pesth ; j'aurais voulu m'initier aux mys-
tères de cette langue, de cette civilisation, de
cette politique ; épouser autrement que par des
vœux les espérances de ce peuple, me mêler à
sa vie et à son activité passionnée. Vains dé-
sirs ! je ne verrai de tout cela que l'écorce. Je
ne pourrai non plus pénétrer dans ces campagnes où des familles de paysans mènent une

existence si curieuse. Je ne connaîtrai pas cette hospitalité madgyare si célèbre. Je traverserai la Hongrie au fil de l'eau, et ne la verrai que sur le bord de son beau fleuve. Mais du moins j'aurai senti, dans sa magnifique capitale, les plus forts battements de son cœur; et de ces choses dont beaucoup ne m'ont pas livré leur secret, j'emporterai cependant un souvenir ineffaçable.

La veille de mon départ, je repassai le pont, et je gravis les hauteurs qui entourent Bude, à l'endroit où s'élevait autrefois un observatoire. Les deux villes étaient à mes pieds; et, sous un ciel légèrement brumeux, le fleuve coulait entre elles dans toute sa majesté. Mon hôte madgyar m'accompagnait. Nous causâmes longuement de son pays et du mien : c'est une matière qu'on n'épuise pas. Sur le point de redescendre vers la ville :

« Eh bien! me dit-il, qu'allez-vous dire de nous à vos compatriotes?

— Une seule chose, répondis-je : que j'ai vu une grande cité et un grand peuple. »

Nous nous serrâmes la main, et ce furent nos adieux. Le lendemain, je continuais à descendre le Danube.

Son lit, jusqu'à Belgrade, est une plaine immense, où son eau se répand à pleins bords.
C'est par là qu'il y a des siècles les Hongrois
s'avancèrent à la conquête de la contrée qu'ils
habitent. Leur histoire commence par une légende, qui a quelque rapport avec certains
récits d'Hérodote :

« Ayant appris, dit un chroniqueur latin du
xv⁰ siècle, que le sol était fertile, le Danube
un fleuve excellent, et qu'il n'y avait pas au
monde de terre meilleure, ils résolurent d'envoyer un messager nommé Kusid, fils de Kund,
le chargeant d'aller, de regarder le pays, et
d'en reconnaître les habitants. Kusid, étant
arrivé au cœur de la Hongrie et descendu vers
le Danube, vit une région agréable, une terre
partout bonne et fertile, les rives du fleuve
riches en pâturages, une eau excellente. Il se
rendit près du chef de la contrée, qui se nommait Zwatapoluz (Zwentibold, duc de Moravie), le salua de la part de ses maîtres, et lui
découvrit la cause de son voyage. Ces paroles
remplirent Zwatapoluz d'une grande joie ; il
les prenait pour de rustiques peuplades venues
pour cultiver ses terres. Il leur fit donc une
réponse favorable. Quant à Kusid, il remplit

une bouteille de l'eau du Danube, mit de
l'herbe des rives dans un sac, prit une poignée de cette terre noire et grasse, et revint
vers les siens. Le récit de son voyage, tout ce
qu'il avait vu et entendu leur plut extrêmement. La bouteille d'eau, la terre et l'herbe
leur furent présentées. Ils y goûtèrent, et re-
connurent que la terre était fertile, l'eau douce,
les prés propres à la nourriture des chevaux.
Alors Arpad (c'était leur chef) verse dans une
urne l'eau du Danube; puis, en présence des
Hongrois assemblés, il appelle sur cette eau
la bénédiction du Ciel, et demande à Dieu de
lui donner la possession éternelle de cette terre.
A ces mots, les Hongrois tous ensemble poussent à trois reprises le cri : « Dieu! Dieu!
« Dieu! » Ainsi naquit cet usage, encore en
vigueur chez eux. Puis, d'un commun accord,
ils envoient un messager à Zwatapoluz, pour
lui offrir, en échange de sa terre, un grand
cheval blanc avec une selle ornée d'or et un
frein doré. A cette vue, la joie du chef s'accrut
encore. Il pensait que c'était le présent envoyé
par ses nouveaux sujets, en échange d'une por-
tion de territoire. Le messager demande au roi
la terre, l'herbe et l'eau.

« Le roi se met à rire. « Qu'ils en prennent,
« dit-il, autant qu'ils en veulent pour ce pré-
« sent. » Et le messager revint vers les siens.
Cependant Arpad entra en Pannonie, et il
envoya un troisième messager au roi de la contrée, chargé de cette ambassade :

« Arpad et les siens te somment de quitter
« cette terre, qu'ils ont achetée de toi. Ils ont
« payé la terre avec le cheval, l'herbe avec le
« mors, l'eau avec la selle. »

« Le roi se mit à rire, et dit : « J'assomme-
« rai le cheval avec une massue; je jetterai le
« mors dans l'herbe des prés, et la selle d'or
« dans l'eau du fleuve. »

« Le messager reprit : « Qu'est-ce que cela
« nous fait? Tue le cheval; il servira de pâture
« aux chiens. Jette le mors dans les prés; les
« faneurs le trouveront. Jette la selle dans
« le fleuve; les pêcheurs la ramèneront à la
« rive. »

« Le roi se décida alors à rassembler une
armée. Il demanda des secours à ses alliés, et
marcha avec toutes ses troupes à la rencontre
des Hongrois [1].

1 *Thuroczi Chronica.*

Les Hongrois, vainqueurs, devinrent maîtres de tout le pays. Pendant plusieurs siècles, ces fils des Huns et d'Attila se firent, par toute l'Europe méridionale, une réputation de férocité presque égale à celle de leurs aïeux. Leur grande taille, leur impétuosité, leur mode de combattre, les rendirent l'épouvantail de leurs voisins. Les chroniques du moyen âge sont pleines de récits de combats contre les géants hongrois. Dans notre langue, le mot d'*ogre* pourrait bien venir de *Hongrois*. Peu à peu cependant ils se policèrent. Saint Étienne fut le saint Louis de ce peuple. Il est en même temps leur premier roi et leur premier législateur. Deux siècles après lui, André II accorda aux nobles la *Bulle d'Or*. C'est dans le même temps que saint Louis donna ses *Établissements*, et le roi Jean la *Grande-Charte* anglaise. Puis le trône devient électif. La Hongrie doit à la monarchie élective ses malheurs et la perte de son indépendance. Mais quelle gloire ne lui doit-elle pas aussi ! Jean Hunyade et Mathias Corvin, comme Ottocar et Charles IV en Bohême, sont des noms dont un peuple a raison d'être fier. Sous Mathias Corvin, la Hongrie atteint l'apogée de sa grandeur. Sentinelle victorieuse sur le Danube, elle met son héroïque épée au service de l'Europe contre les Turcs. Conquérante, elle plante son drapeau sur les murs de Vienne, et fait subir aux Slaves de la Bohême, comme aux Allemands de l'Autriche, l'empire de la couronne de saint Étienne. Sous ce règne, la race madgyare a l'ascendant sur les deux autres. Corvin eut aussi le génie qui gouverne et administre. Il compléta les lois de sa patrie, fonda l'université de Bude, la bibliothèque, poliça son peuple par la culture des lettres.

Je ne sais s'il existe des monuments de la littérature nationale de ce temps; mais plus d'un chroniqueur a fait de la langue madgyare à cette époque un grand éloge. L'un d'eux est frappé de sa dignité et de sa noblesse naturelle; il observe qu'elle est aussi correcte dans la bouche du paysan que dans celle du magnat. Une tradition fidèlement suivie conserve dans sa pureté la prononciation, l'accent, le sens des mots[1]. Un autre, la confrontant avec les

---

1 Hungari, sive nobiles, sive rustici sint, eadem fere verborum conditione utuntur, sine ulla varietate loquuntur. Eadem enim pronuntiatio, eadem vocabula, similes accentus ubique sunt..., etc. (Ap. Galeottum Martium.)

autres langues de l'Europe, la met bien au-
dessus de l'allemand, qu'il compare au « ru-
gissement d'une bête », et bien au-dessus de
l'italien, « dont le murmure ressemble au ga-
zouillement de l'hirondelle [1] ». Mathias avait
lui-même tous les goûts d'un lettré. La cour
de ce soldat couronné offrait ce singulier contraste de conversations savantes, interrompues
par le bruit des armes. A table, dit le chroniqueur de ses faits et gestes, l'entretien rou-
lait toujours sur quelque sujet agréable ou
sérieux. Un vers de Térence, de Virgile, de
Lucain, servait de texte de dissertation. Ou
bien des chanteurs, s'accompagnant sur la
lyre, faisaient entendre quelques chants natio-
naux, composés à la gloire des ancêtres et des
triomphes remportés sur les Turcs. Peu de
chants amoureux; plus souvent des disputes
théologiques. Le roi les aimait, et sa mémoire
prodigieuse lui donnait les moyens d'embarrasser ou d'étonner ses adversaires [2]. Joignez
à ces goûts une force physique incroyable. Ce

[1] Ap. *Thuroczi Chronica.*
[2] Voir dans Galeottus Martius (*de Dictis et Factis Mathiæ
regis,* p. 385) une curieuse dispute avec un théologien renommé.

dernier trait n'est pas indifférent en Hongrie.
Il fallait à ce peuple vigoureux et un peu sauvage, comme aux Francs de Pépin le Bref, un
prince qui les dominât par le double ascendant
de l'esprit et du corps. Mathias tenait extrêmement à ce dernier empire, et d'autant plus
que sa petite taille l'exposait, comme Pepin,
aux dédains de sa noblesse. « Un jour, raconte
Galeottus Martius, un Allemand nommé Holubar, renommé pour sa force et son adresse
dans les tournois, vint en Hongrie. Il y était
précédé de la réputation d'invincible. Mathias,
ayant appris son arrivée et les détails de ses
exploits, résolut de se mesurer avec lui. L'Allemand s'en défendit par respect pour la majesté royale. Pressé par le roi, il consentit
pourtant, mais en se promettant de lui rendre
la victoire facile. Mathias, pénétrant son dessein, lui fit jurer sur les saintes reliques de
ne pas l'épargner, et de combattre avec lui
comme avec le dernier des chevaliers. Holubar
jura. Le jour venu, en présence de toute la
cour et de la chevalerie de la contrée, les deux
champions, montés sur les ardents coursiers
du pays, s'élancent l'un contre l'autre la lance
en arrêt. Holubar, frappé au front, est renversé

avec son cheval... Cette victoire fut agréable au
roi. » Elle le fut à toute la nation; elle le serait encore aujourd'hui. Les Hongrois ont gardé
de leurs ancêtres la force, l'adresse, l'agilité,
le goût des exercices du corps. Un jour, un
agitateur célèbre, embarrassé par un adver-
saire qui, du haut d'une table d'auberge, péro-
rait contre lui, enlève la table, et aux applaudissements du peuple fait disparaître la tribune
et l'orateur. Tout le monde a vu, à Pesth, l'illustre comte Szechéni traverser à la nage la
vaste et rapide nappe d'eau qui s'étend entre
Bude et Pesth. C'était pour le peuple une joie
aussi grande que s'il remportait quelque victoire sur le cabinet autrichien.

Mathias Corvin est donc, à tous ces titres,
le héros populaire de la Hongrie. Son image
est dans les chaumières, et je l'ai vue à
Pesth dans tous les lieux fréquentés des Madgyars. Ils l'appellent encore Mathias le Juste,
et conservent ce proverbe : « Depuis le roi
Mathias plus de justice. » Quelques traits de
cette justice, conservés par l'histoire, ont bien
le droit de nous étonner, et l'on peut penser
que ce fils d'Attila avait gardé quelque chose
de la duplicité de son ancêtre. Mais cet air de

Belgrade.

famille est loin de déplaire aux Hongrois; le nom d'Attila ne les effraye pas; ils le dépouillent de sa sinistre renommée; ils lui laissent son incontestable grandeur.

J'essayais par ces souvenirs d'animer les bords du fleuve et de peupler la vaste plaine qu'il parcourt; car c'est un assez triste voyage que cette fin du Danube hongrois. Tous les voyageurs ont été saisis de la tristesse, de l'abandon de ces contrées. « Ce qui frappe tout d'abord dans ce pays, dit l'un d'eux, c'est le désert. Ce sont ces steppes infinis qui se déroulent sous un ardent soleil. On douterait que ce sol étrange fût habité, si quelquefois un cavalier aux vêtements flottants n'apparaissait à l'horizon, si l'on n'apercevait ailleurs de vastes champs de blé, dont les épis touffus ondulent par grandes vagues; si l'oreille n'était frappée du son de la trompe d'un berger ou d'une cloche lointaine [1]. »

A de longs intervalles des lieux connus réveillent l'attention. Voici Mohacz et le champ de bataille où la Hongrie avec sa fortune tombe sous le cimeterre turc. Elle s'en relève sujette

---

1 Aug. de Gérando, *Steppes de Hongrie.*

de l'Autriche. Voici Peterwardein, dressant sa haute forteresse.

Enfin Semlin et Belgrade, séparées par la Save, s'étalent en face l'une de l'autre, ennemies jadis irréconciliables, aujourd'hui assez bonnes voisines.

> Allons, la Turque et la chrétienne,
> Semlin, Belgrade, qu'avez-vous?
> On ne peut, le ciel me soutienne,
> Dormir un instant, sans que vienne
> Vous éveiller d'un bruit jaloux
> Semlin et Belgrade en courroux [1].

Il y a vingt ans, on pouvait écrire ici : *Finis Germaniæ*. Aujourd'hui, qui sait?

Au delà, le Danube arrose une contrée, des peuples tout différents. Que Dieu nous prête vie, nous irons quelque jour achever ce voyage, et suivre le fleuve jusqu'au terme de sa course, non loin des rives où Stamboul mire ses marbres et ses palmiers dans les flots enchantés du Bosphore.

---

[1] V. Hugo, *Orientales*.

CHAPITRE VI

Du Danube à l'Adriatique. — Les grottes d'Adelsberg.
— Trieste. — Tombeau d'un traître.

Deux lignes de fer unissent le Danube à l'Adriatique : l'une, partie de Bude, traverse les plaines occidentales de la Hongrie, longe le grand lac Balaton, dont les rives sont plates, mais bien cultivées ; l'autre, venue de Vienne, franchit par de magnifiques tranchées les Alpes de Styrie ; toutes deux se réunissent à Pragerhof, et par une voie unique se dirigent sur Trieste. Avant de me rendre dans cette ville, je me suis arrêté à Adelsberg.

Adelsberg est un méchant village perdu dans la montagne. Mais on y visite des grottes qui sont les plus belles de toute l'Allemagne. Elles s'étendent sur une surface de plusieurs lieues, dans les flancs d'une montagne aride et pelée. On s'y rend muni d'un guide et d'un sauf-conduit. Ce dernier est délivré par le directeur de la grotte : c'est son titre officiel. Vous reconnaissez la bureaucratie autrichienne. Après un quart d'heure d'attente dans son cabinet, ce fonctionnaire daigna me donner audience, assisté de sa femme et d'un futur petit directeur âgé de trois ans. Il m'en coûta quatre à cinq florins. Il m'en eût coûté bien davantage, si je n'eusse rencontré chez M. le directeur une famille anglaise, laquelle m'octroya, quoique non présenté, la faveur de m'adjoindre à elle. Je partis donc avec le père et la mère, et deux jeunes ladies, si parfaitement semblables, qu'on eût dit deux sœurs jumelles.

Cette grotte d'Adelsberg est un des plus étonnants ouvrages de la nature. La stalactite y produit les formes les plus imprévues, les plus ingénieuses combinaisons. Une végétation de marbre et d'albâtre couvre les murailles, de grands lustres pendent aux voûtes, des arbres

Grotte d'Adelsberg.

en fleur s'épanouissent dans l'ombre. Des voiles
de dentelle et de longues draperies de pourpre
ou de safran tombent jusqu'à terre, et la torche
du guide, agitée par derrière, en fait ressortir
la délicatesse et la transparence. De capricieux
arbustes, lierre, vigne, chèvrefeuille, grimpent
aux corniches, et disparaissent dans une ombre
que rien ne dissipe.

D'autre part, la stalactite semble lutter avec
l'art humain. Une colonne s'élance. Son fût
poli et jaspé soutient une voûte régulièrement
arrondie : c'est un portique. Les chapiteaux en
fleurs rendraient Corinthe jalouse. Plus souvent des arceaux gothiques forment l'ébauche
d'une antique cathédrale. Ébauche mystérieuse,
inachevée ; car l'étrange architecte, la nature,
travaille par caprices et sans suite. Sans cesse
elle modifie son plan : rien ne se termine sous
sa main. Tout, chez elle, tient du rêve et de
la fantaisie, et ses rêves se mêlent d'une
étrange façon. Elle fait comme l'enfant avec
son crayon : elle ajoute les images les unes
aux autres, sans se soucier de l'unité ni de la
proportion, jusqu'au jour où, comme l'artiste
mécontent de son œuvre, elle efface sans en
laisser une trace ses imparfaites conceptions.

Il y a deux endroits particulièrement beaux dans cette grotte : c'est la *Salle de bal* et le *Calvaire*. La salle de bal est un grand cirque, surmonté d'une haute coupole, que décorent les plus bizarres sculptures. Ce sont comme des serpents et des lézards gigantesques, entrelacés autour de troncs d'arbres noueux et tordus. On dirait un plat de Bernard Palissy, accru de proportions gigantesques. Au fond de la salle, une sorte de scène attend des musiciens ou des acteurs. Tout autour, ce sont des gradins naturels, des galeries soutenues par de grands piliers cannelés, des loges aux parois d'albâtre, des candélabres à vingt branches. C'est un coup d'œil très curieux. Pour rendre l'illusion plus complète, on avait allumé deux ou trois lustres de fer scellés dans le rocher, et disposés à cet effet. Nos jeunes ladies battirent des mains de plaisir, puis, se prenant la taille, se mirent à danser au son d'une valse fredonnée par elles-mêmes. Pour moi, je me croyais plutôt dans un théâtre, et, ma mémoire ne me fournissant rien d'assez fantastique, j'ébauchais moi-même un drame impossible ; et, à défaut de paroles, je prêtais à ces personnages de ma fantaisie les mélodies les plus suaves de l'*Oberon* de Weber.

On a donné le nom de Calvaire à une colline qui surgit dans le propre sein de la montagne ; car cette grotte est un microcosme. Elle a des vallées et des montagnes, des plaines et des lacs dont l'eau, éternellement noire et glacée, ne s'éclaire que des lueurs fauves de la torche des guides.

On gravit ce Calvaire par un sentier étroit et montueux. De petites lumières sont disposées tout le long. A droite et à gauche, des formes blanches, debout ou agenouillées, comme des femmes en prière, accompagnent la marche du pèlerin. On dirait ces saintes femmes de l'Évangile qui suivaient le Christ au terme de sa Passion douloureuse. Au sommet s'élève une grande croix, naturellement formée par la stalactite, entre deux autres croix plus petites. En vérité, ce lieu est solennel et religieux. On s'y sent naturellement porté au silence et au respect.

Au pied de la croix, l'œil plonge dans une vallée étroite et profonde. Elle n'a pas reçu de nom ; je lui ai donné celui de *vallée de Josaphat*, car du sein de son ombre je voyais distinctement des tombes, des pierres lentement soulevées, et des ombres humaines dans leurs blancs suaires. « Réveillez-vous, ô morts, et paraissez au jugement! »

Je me rendis le lendemain à Trieste. Trieste, cette Marseille de l'Adriatique, m'a frappé par un grand air de ressemblance avec sa rivale française. C'est comme elle une ville animée, populeuse, bigarrée, bruyante. C'est presque la même configuration topographique. La vieille ville, la cité romaine s'était plantée sur l'un des mamelons de la chaîne de montagnes qui serre de très près le rivage. Peu à peu les maisons ont quitté les hauteurs, et ont glissé le long des pentes jusqu'à la mer. Comme Marseille, Trieste s'est avisée un jour que son aspect extérieur ne répondait pas à sa prospérité, que ses rues sentaient un peu trop la misère et le moyen âge. Aussitôt des hôtels, des théâtres, des églises, des palais publics et privés se sont élevés, alignés, décorés. De grandes places, des rues et des quais somptueux se sont formés. On y circule sur de grandes dalles, où les pieds des chevaux font un bruit superbe. Les mendiants, les *facchini*, les matelots, parfois les jeunes villageoises venues au marché, y montrent leurs pieds nus, dorés par le chaud soleil du Midi.

On monte de la nouvelle ville à l'ancienne
par une des plus rudes échelles que j'aie gra-
vies. Tandis que je m'essuyais le front, un cortège funèbre vint déboucher à côté de moi sur
la route. C'était le convoi d'un jeune enfant. Le
prêtre marchait le premier, précédé de la croix
d'argent; deux jeunes garçons suivaient, portant la bière. Ils avaient aux bras, au lieu de
crêpe noir, de longs rubans de tulle blanc.
Leurs forces pliaient sous le pénible fardeau.
Un lambeau d'étoffe rouge couvrait la bière, et
quand le vent le soulevait, on voyait le bois
sombre et nu du cercueil. Quelques femmes
suivaient en pleurant; l'une d'elles portait la
croix de bois blanc qu'on devait planter sur la
fosse. Elles s'arrêtaient souvent, avec tout le
cortège, pour reprendre haleine et s'essuyer le
front et les yeux : c'était lugubre à voir.

La cathédrale, où j'entrai avec eux, est une
vieille basilique toute minée de vétusté. On la
dit bâtie avec les pierres d'un temple païen. On
a scellé dans la façade des pierres sépulcrales
de prêtres et d'évêques, et parmi elles des bustes
d'une grande antiquité. L'un d'eux remonte
assurément aux premiers siècles de l'Église, et
semble contemporain du martyr qu'il représente.

La terrasse de la cathédrale offre une vue magnifique. J'avais sur ma tête les bastions de la forteresse, plantés de vive force sur le granit de la montagne. A droite et à gauche, un demi-cercle de montagnes arides, dont les créneaux dessinaient leur ligne dentelée sur le ciel éblouissant. Des maisons de campagne, des bastides blanches y cherchent une ombre rare, et s'entourent d'une maigre et poudreuse verdure. Cette campagne est brûlée comme celle de Provence. Sous mes pieds se pressaient un amas de pauvres maisons, couvertes de tuiles, entourées de petits jardins, de vignes en berceaux, de figuiers chargés de fruits mûrs, et à leurs pieds de grands concombres, dont le ventre étincelait comme du jaspe. De là, par mille gradins, l'œil descendait jusqu'au port. Je voyais la mâture des grands vaisseaux dont le corps m'était caché, j'entendais la rumeur des marchands et des matelots; surtout je noyais mes regards dans l'immensité bleue de la mer; je suivais les barques qui s'en vont et celles qui arrivent; et par delà le voile d'une brume légère, je rêvais à Venise.

Cette terrasse, magnifique observatoire de l'Adriatique, fut le lieu de sépulture du fameux

Fouché. Cet homme fut le génie même de la trahison. On a mis sur la tombe d'un guerrier cette inscription éloquente :

STA, VIATOR, HEROEM CALCAS.

Arrête-toi, voyageur, tu foules un héros.

On devait écrire sur celle de Fouché :

Éloigne-toi ; voyageur, tu foules un traître.

Du plateau culminant où s'élève la cathédrale je redescends dans la ville par un dédale de ruelles, d'escaliers, de passages sans forme et sans nom. Je me crois de nouveau dans le ghetto de Prague. Une misérable population se traîne à mes pieds, accroupie sur les portes, le long des bouges, sur les dalles humides, dans la boue du ruisseau. Des femmes et des enfants flétris, livides, couverts de lèpres hideuses, rongés de vermine, me regardent avec un étonnement malveillant. L'étranger ou le citadin ne s'aventurent guère dans ce cloaque. Quelques-uns me tendent la main, et je m'enfuis bien vite, en leur laissant quelques oboles. Pauvres gens ! à deux pas de cette plage et sous ce beau ciel, qui donc les condamne à cette incroyable et repoussante misère ? Que ne vont-ils

dans l'Océan, qui se brise sous leurs pieds,
plonger leurs haillons et purifier leurs corps!
Mais quoi!

La mer y passerait sans laver la souillure.

Trieste doit sa prospérité toujours croissante
à l'empereur Charles VI, lequel, en 1719, l'éri-
gea en port franc. Grâce à cette circonstance,
elle commença à faire à Venise une rude concurrence. La reine des lagunes ne put tenir
contre son heureuse rivale assise sur la rive
opposée. Vers 1790, Trieste était fréquentée par
deux mille cinq cents navires et exportait environ pour 50 millions de francs. Les longues
guerres de l'empire, l'occupation française, le
blocus continental infligèrent à son commerce
de rudes épreuves. La chute de Napoléon et le
traité de Vienne furent pour elle le signal d'une
ère nouvelle de progrès et d'activité.

En 1833, la fondation du Lloyd autrichien
exerça sur son avenir une influence décisive.
Des lignes de navigation l'établissent en communication avec tous les comptoirs du bassin
de la Méditerranée, où Marseille rencontre et
ressent sa concurrence. En même temps des
lignes de chemins de fer et de canaux font

converger vers elle une partie des richesses de l'Allemagne méridionale. Déjà la Méditerranée ne suffit plus à son ambition, et elle envoie son pavillon se montrer dans les ports de l'Amérique et de l'Orient. En moins d'un demi-siècle sa population a doublé. Elle était de 70,000 habitants en 1840, — de 105,000 en 1860, — elle dépasse 150,000 en 1880. En 1876, plus de 15,000 navires ont fréquenté ses eaux, jaugeant près de deux millions de tonnes.

Trieste est donc une des grandes sources de prospérité de l'empire d'Autriche. Retranchez-lui ce port, l'Autriche étouffe dans ses provinces continentales. Elle n'a plus vers l'Adriatique que de misérables accès, et se trouve, à l'égard du peuple du littoral méditerranéen, dans une sorte de quarantaine politique et commerciale. On conçoit le peu de goût qu'elle a pour la cession de Trieste aux Italiens en vertu du principe des nationalités. La nouvelle reine de l'Adriatique est une pomme de discorde jetée entre les deux peuples : c'est affaire à eux.

FIN

TABLE

CHAPITRE I
LA FORÊT NOIRE ET LES SOURCES DU DANUBE

CHAPITRE II
LE DANUBE EN BAVIÈRE

CHAPITRE III
LE DANUBE EN AUTRICHE

CHAPITRE IV
VIENNE

CHAPITRE V
LE DANUBE EN HONGRIE

CHAPITRE VI
RETOUR PAR TRIESTE

13728. — Tours, impr. MAME.